Le mythe
de la liberté

Du même auteur

Né au Tibet
Buchet-Chastel, 1968

Pratique de la voie tibétaine
coll. « Points Sagesses », 1976

Méditation et action
coll. « Points Sagesses », 1981

L'aube du Tantra
coll. « Spiritualités vivantes »
Albin Michel, 1982

Chögyam Trungpa

Le mythe
de la liberté

et
La voie de la méditation

Traduit de l'américain
par Vincent Bardet

Éditions du Seuil

En couverture : photo Jean-Louis Nou.

ISBN 2-02-005146-x

*La version originale de cet ouvrage a été publiée en 1976
par Shambhala Publications, Berkeley & Londres, sous le titre*
The Myth of Freedom and the Way of meditation.
© 1976, Chögyam Trungpa.
Illustrations © 1976 Shambhala Publications.
© 1979, Éditions du Seuil pour la traduction française.

Ce livre est dédié à *Dorjê Tröllo,*
Padmasambhava sous la forme de la folle sagesse,
père et protecteur de tous les êtres.

Préface

La Voie de la méditation est né des conférences données par Chögyam Trungpa Rinpoché en divers lieux des États-Unis entre 1971 et 1973. L'énorme succès remporté par le précédent livre de Trungpa, *Pratique de la voie tibétaine,* nous a incités à présenter un autre ensemble de conférences sous la forme d'un livre. *La Voie de la méditation* peut être considéré comme la suite de *Pratique de la voie tibétaine* ou, indépendamment, comme une introduction à la psychologie bouddhiste et à la pratique de la méditation.

Ce livre s'ouvre sur un poème original de Chögyam Trungpa qui décrit les étapes du sentier spirituel, et il s'achève avec la traduction d'un texte classique, les instructions de Tilopa à son disciple Naropa au sujet de la méditation du *Mahamudra*. Ce texte nous a semblé particulièrement approprié, étant donné que Tilopa est le fondateur de la lignée Kogyü, plus que millénaire, représentée aujourd'hui par Trungpa.

Sa Sainteté le XVIe Gyalwang Karmapa. Gyalwang Karmapa est l'autorité suprême de l'ordre Kagyü du bouddhisme tibétain. Il incarne la sagesse et la compassion du tantra bouddhiste. Il réside généralement au monastère de Rumtek, au Sikkim. C'est pour l'auteur à la fois un ami et un inspirateur.

Couronnement

1

Les parents sont très bons,
mais je suis trop jeune pour l'apprécier.
Les montagnes et les hautes vallées sont belles,
mais, n'ayant jamais vu les basses terres, je suis stupide.

2

M'étant efforcé de nourrir l'esprit,
et d'affûter la pointe de l'intellect,
j'ai découvert des parents permanents,
inoubliables.

3

Sans personne pour influencer ma vision,
je déploie ma nature primordiale
et j'adopte le style d'un jeune prince.
Cela n'est dû qu'au seul père gourou.

4

Je suis occupé à travailler pour autrui.
Prajna, pénétrant tous les obstacles,

a rendu le prince vieux et sage,
ne craignant personne.

5

Dansant dans l'espace,
Ceint de nuages,
mangeant le soleil et brandissant la lune,
avec les étoiles pour cortège.

6

L'enfant nu est beau et digne.
La fleur rouge éclôt dans le ciel.
Il est ironique de voir le danseur sans forme
danser au son de la trompette sans trompettiste.

7

Dans le palais de rubis,
écoutant la profération de la syllabe-germe,
c'est une joie d'observer la danse de l'illusion,
les phénomènes, comme autant de filles séduisantes.

8

Le guerrier sans épée,
chevauchant un arc-en-ciel,
entend le rire sans limite de la joie transcendante.
Le serpent venimeux devient amrita.

9

Buvant le feu, vêtu de l'eau,
brandissant la masse du vent,
respirant la terre,
je suis le seigneur des trois mondes.

22 janvier 1973

1

Le mythe de la liberté

Fantasme et réalité

Si nous voulons planter complètement la graine des enseignements bouddhistes dans le sol occidental, il nous faut d'abord comprendre les principes fondamentaux du bouddhisme, et en pratiquer les exercices élémentaires de méditation. Beaucoup de personnes réagissent au bouddhisme comme à une nouvelle religion de salut, qui pourrait leur permettre de traiter le monde comme on cueille des fleurs dans un beau jardin. Mais si nous souhaitons cueillir les fleurs d'un arbre, nous devons préalablement en cultiver les racines et le tronc, ce qui signifie travailler avec nos peurs, frustrations, déceptions et irritations, les aspects pénibles de la vie.

Certains se plaignent de ce que le bouddhisme soit une religion extrêmement sombre parce qu'il met l'accent sur les souffrances et le malheur. D'habitude, les religions parlent de beauté, d'harmonie, d'extase, de félicité. Mais, selon le Bouddha, il nous faut en premier lieu faire l'expérience de la vie telle qu'elle est. Percevoir la vérité de la souffrance, la réalité et l'insatisfaction. Nous ne pouvons ignorer cela au profit de l'examen des seuls aspects glorieux et plaisants de la vie. La quête d'une terre promise, d'une Ile au Trésor, ne conduit qu'à un surcroît de souffrances. La terre promise reste inaccessible, et l'éveil ne peut être atteint d'une telle façon. Aussi

bien toutes les sectes et écoles bouddhistes s'accordent-elles
sur le fait que nous devons commencer par regarder en face
la réalité de nos situations existentielles. Nous ne pouvons
commencer par rêver. Ce ne serait qu'une évasion provisoire;
il est impossible de s'évader réellement.

Dans le bouddhisme, nous exprimons notre volonté de
réalisme par la pratique de la méditation. La méditation ne
consiste pas à essayer d'atteindre l'extase, la félicité spirituelle
ou la tranquillité, ni à tenter de s'améliorer. Elle consiste simplement à créer un espace où il est possible de déployer et
défaire nos jeux névrotiques, nos auto-illusions, nos peurs et
nos espoirs cachés. Nous produisons cet espace par le simple
recours à la discipline consistant à ne rien faire. A vrai dire,
il est très difficile de ne rien faire. Il nous faut commencer par
ne faire à peu près rien, et notre pratique se développera graduellement. Ainsi la méditation est-elle un moyen de brasser
les névroses de l'esprit et de les utiliser comme partie intégrante de la pratique. Pas plus que le fumier, nous ne jetons
ces névroses au loin; au contraire, nous les répandons sur
notre jardin, et elles deviennent partie de notre richesse.

Dans la pratique de la méditation, nous ne contrôlons pas
l'esprit étroitement, pas plus que nous ne le laissons aller
complètement. Si nous essayons de contrôler l'esprit, son
énergie rebondira sur nous. Si nous le laissons aller complètement, il deviendra sauvage et chaotique. Aussi laissons-nous
aller l'esprit, tout en maintenant quelque discipline. Les techniques utilisées dans la tradition bouddhiste sont extrêmement
simples. Des techniques visant à la prise de conscience du
mouvement du corps, de la respiration et de notre propre
situation physique se retrouvent dans toutes les écoles. La
pratique fondamentale consiste à être présent, ici et maintenant. Le but à atteindre et la technique à employer coïncident.
Être précisément dans cet instant, sans le supprimer ni le laisser aller sauvagement, mais être exactement conscient de ce

que l'on est. La respiration, comme l'existence corporelle, est un processus neutre, dépourvu de connotations « spirituelles ». Nous devenons simplement conscients de son fonctionnement naturel. Cela est nommé pratique de *shamatha*. Une telle pratique inaugure la progression dans le sentier étroit, ou *hinayana*. Cela ne veut pas dire que l'approche hinayana soit simpliste ou témoigne d'une étroitesse d'esprit. Bien plutôt, l'esprit est tellement compliqué, tellement exotique, toujours à l'affût de toutes sortes de distractions, que la seule façon possible de l'aborder consiste à le canaliser dans un chemin discipliné sans détours. Le véhicule hinayana ne cherche pas la vitesse, il est juste là où il faut, il ne se laisse pas dérouter. Nous n'avons aucune possibilité de fuir; nous sommes ici même, et ne pouvons en sortir. Il n'y a pas de marche arrière. La simplicité de la voie étroite suscite une attitude d'ouverture envers les situations de la vie; en effet, lorsque nous réalisons qu'il n'y a aucune échappatoire, nous acceptons d'être pleinement ici et maintenant.

Aussi reconnaissons-nous ce que nous sommes, plutôt que d'essayer d'échapper aux problèmes qui nous irritent. La méditation ne devrait pas servir à oublier notre engagement professionnel. En fait, la pratique de la méditation assise ne cesse de nous brancher sur notre vie quotidienne. La pratique de la méditation fait remonter nos névroses à la surface, plutôt que de les cacher au fond de notre esprit. Elle nous permet d'aborder notre vie comme quelque chose sur quoi il est possible de travailler. Il me semble que les gens ont tendance à croire que, si seulement ils pouvaient s'évader de la bousculade affairée qu'est leur vie, alors, au cœur de la montagne ou au bord de la mer, il leur serait possible de se donner pleinement à quelque pratique contemplative. Mais si nous refusons l'aspect mondain de notre existence, nous négligeons la nourriture réelle qui est en sandwich entre deux tranches de pain. Lorsque vous commandez un sandwich, vous ne commandez pas deux tranches de pain sec. Vous voulez quelque chose au milieu, consistant, comestible et délicieux, et le pain vient avec.

Cette prise de conscience des émotions, des situations vitales et de l'espace au sein duquel elles se déploient nous ouvrira peut-être à une conscience encore plus panoramique. Une attitude compatissante, chaleureuse, se développe alors. On s'accepte fondamentalement, non sans intelligence critique. On apprécie dans la vie la joie comme la peine. Le rapport avec les émotions cesse de faire problème. Les émotions sont ce qu'elles sont, ni supprimées ni entretenues, mais simplement reconnues. Ainsi la conscience précise des détails mène-t-elle à une ouverture sur la totalité complexe des situations. De même qu'un fleuve se jette dans l'océan, l'étroitesse de la discipline conduit à l'ouverture de la conscience panoramique. La méditation ne consiste pas seulement à s'asseoir seul, dans une posture particulière, en prêtant attention à des processus élémentaires, elle réalise également une ouverture à l'environnement au cœur duquel ces processus prennent place. L'environnement devient un rappel, il ne cesse de nous envoyer des messages, de nous donner des enseignements, de nous fournir des aperçus.

Avant de nous livrer à quelque technique exotique, jouant avec les énergies, les perceptions sensorielles et les visions en termes de symbolisme religieux, il nous faut donc trier fondamentalement notre esprit. Notre pratique commence par un cheminement le long de l'étroit sentier de la simplicité, le sentier du hinayana, avant que nous soyons à même de marcher sur la grand-route ouverte de l'action compatissante, la voie du *mahayana*. Et ce n'est qu'une fois bien engagés sur la route que nous pouvons nous soucier de danser dans les prés — ce qui correspond aux enseignements tantriques, ou *vajrayana*. La simplicité du hinayana sert de base pour apprécier la splendeur du mahayana et la couleur formidable du tantra. Aussi, avant de nous occuper du ciel, occupons-nous de la terre et travaillons sur nos névroses fondamentales. L'approche bouddhiste tout entière consiste à développer le bon sens transcendantal, la vision des choses telles qu'elles sont, sans magnifier ce qui est ni rêver sur ce que nous voudrions être.

Déception

Aussi longtemps que nous suivons une approche spirituelle promettant le salut, des miracles, la libération, nous restons liés par la « chaîne d'or de la spiritualité ». Une telle chaîne peut être d'une grande élégance, rehaussée de joyaux et de délicates gravures, elle ne nous en emprisonne pas moins. Les gens croient qu'ils peuvent arborer la chaîne d'or sans être enchaînés pour autant, mais ils s'illusionnent eux-mêmes. Aussi longtemps qu'une approche de la spiritualité demeure fondée sur un enrichissement de l'*ego,* il s'agit de matérialisme spirituel, d'un processus suicidaire plutôt que créateur.

Toutes les promesses sont pure séduction. Nous attendons des enseignements qu'ils résolvent tous nos problèmes; nous imaginons que nous allons disposer de moyens magiques pour nous occuper de nos dépressions, nos conduites agressives, nos blocages sexuels. Mais, à notre grande surprise, nous commençons à réaliser que rien de tel ne se prépare. Il est très décevant de réaliser que l'on doit travailler sur soi-même et sur sa propre souffrance, plutôt que de dépendre d'un sauveur ou du pouvoir magique de techniques yogiques. Il est décevant de réaliser qu'il vaut mieux abandonner ses espérances plutôt que de construire sur la base d'idées préconçues.

Nous devons nous permettre d'être déçus, ce qui signifie

l'abandon du moi, de ma réalisation. Nous souhaiterions nous voir atteindre l'illumination, voir nos disciples nous célébrer, nous révérer, nous jeter des fleurs, au milieu de miracles et de tremblements de terre, tandis que chanteraient des dieux et des anges, et ainsi de suite. Rien de tel n'arrive jamais. Du point de vue de l'ego, l'atteinte de l'éveil est la mort extrême, la mort du soi, la mort du moi et du mien, la mort de l'observateur. Telle est l'ultime déception. Il est douloureux de marcher sur le sentier spirituel. On ne cesse de se démasquer, d'ôter des couches successives de masques. On va d'insulte en insulte.

Une telle série de déceptions nous incite à abandonner l'ambition. Nous n'arrêtons pas de tomber, jusqu'à ce que nous touchions le sol, jusqu'à ce que nous entrions en relation avec la santé fondamentale de la terre. Nous devenons le plus bas du bas, le plus petit du petit, un grain de sable, parfaitement simple, sans espérances. Lorsque nous sommes à terre, il n'y a place ni pour les rêves ni pour les impulsions frivoles; aussi devient-il enfin possible d'aborder la pratique. Nous commençons à apprendre comment préparer correctement le thé, comment marcher droit sans trébucher. Toute notre approche de la vie devient plus simple et plus directe, il nous devient possible de travailler avec les enseignements que nous recevons, les livres que nous lisons, quels qu'ils soient. Le grain de sable que nous sommes y trouve des confirmations, des encouragements au travail, sans espérances et sans rêves.

Nous avons entendu tant de promesses, écouté tant de descriptions séduisantes concernant toutes sortes d'endroits exotiques, vécu tant de rêves; mais, du point de vue du grain de sable, rien ne peut moins nous importer. Nous ne sommes qu'un atome de poussière au milieu de l'univers. Et, en même temps, notre situation, qui ne manque ni d'espace ni de beauté, offre prise au travail. En fait, cela nous invite, nous inspire. Si vous êtes un grain de sable, le reste de l'univers, tout l'es-

pace, est vôtre, parce que vous n'obstruez rien, n'encombrez
rien, ne possédez rien. Il y a une formidable ouverture. Vous
êtes l'empereur de l'univers parce que vous êtes un grain de
sable. Le monde est très simple, et en même temps très digne
et ouvert, parce que votre inspiration est fondée sur la déception, qui est dépourvue de l'ambition de l'ego.

Souffrance

Nous commençons notre voyage spirituel en posant des
questions, en doutant de nos fabrications. Une incertitude
continuelle prévaut quant à ce qui est réel et ce qui ne l'est
pas, ce qui est bonheur et ce qui est malheur. Nous faisons
cette expérience d'instant en instant, d'année en année, au
cours de notre vie. Nous continuons à poser des questions qui
aigrissent et pourrissent. La souffrance s'intensifie au fur et
à mesure que les questions deviennent plus solides et les
réponses plus évasives.

Lorsque nous vieillissons, nous commençons, d'une façon
ou d'une autre, à demander : « Quel est le sens de la vie ? »
On pourrait dire : « Qu'est-ce qui n'est pas le sens de la vie ?
Tout est vie. » Mais cela est trop fin, trop malin, et la question demeure. On pourrait dire que l'existence est le sens de la
vie. Mais là encore, exister, pour quoi ? Qu'essayons-nous de
réaliser en menant notre vie ? Certains disent que le sens de la
vie consiste à diriger nos efforts et notre énergie vers des buts
supérieurs : aller de la terre à la lune ou atteindre l'éveil, devenir un grand professeur, un grand savant, un grand mystique,
améliorer le monde, nettoyer la terre de sa pollution. Peut-être
est-ce là le sens de la vie — qu'il nous faille travailler dur et
réaliser quelque chose. Nous devrions découvrir la sagesse et

la partager avec autrui. Ou bien nous devrions créer un ordre politique meilleur, renforcer la démocratie de telle sorte que tous les êtres humains soient égaux et que chacun ait le droit de faire ce qu'il veut dans les limites de la responsabilité mutuelle. Peut-être devrions-nous amener notre civilisation au plus haut degré de développement, afin que notre monde devienne un endroit fantastique, un lieu de sagesse, d'illumination, de connaissances et des plus hauts développements technologiques. Il y aurait des nourritures abondantes et excellentes, de plaisantes demeures, une agréable compagnie. Nous deviendrions sophistiqués, riches et heureux, sans querelles ni guerres ni pauvreté; nous disposerions d'intelligences formidablement puissantes, qui connaîtraient toutes les réponses, qui expliqueraient scientifiquement l'origine des méduses et le fonctionnement du cosmos.

Je ne tourne pas du tout cette mentalité en dérision; mais avons-nous considéré le sens de la mort? La contrepartie de la vie est la mort. Avons-nous pris cela en considération? Le véritable message de la mort est douloureux. Cela vous paraîtrait complètement absurde de demander à un adolescent de quinze ans de rédiger son testament. Personne ne ferait cela. Nous refusons de reconnaître la mort, et pourtant, nos idéaux les plus élevés, nos spéculations sur le sens de la vie, les formes de civilisation les plus avancées — tout cela est impraticable si nous ne considérons pas le processus de naissance, souffrance et mort.

Naissance, souffrance et mort interviennent d'un instant à l'autre. La naissance est ouverture à une nouvelle situation. Immédiatement après la naissance, on se sent rafraîchi, comme lorsqu'on regarde le soleil se lever à l'aurore. Les oiseaux s'éveillent et commencent à chanter, l'air est frais, on distingue les silhouettes brumeuses des arbres et des montagnes. Au fur et à mesure que le soleil s'élève dans le firmament, le monde devient plus clair, et prend des contours définis. Le soleil devient de plus en plus rouge, jusqu'à dispenser une lumière blanche, brillante. On préférerait s'en tenir à l'aube, au lever du soleil, l'empêcher de monter dans le ciel, s'en tenir à la radieuse promesse du jour. On préférerait cela, mais c'est impossible. Personne n'y est jamais parvenu. On s'efforce de maintenir la situation nouvelle mais, finalement, on ne peut s'accrocher à rien et l'on meurt. Il y a alors un intervalle entre la mort et la naissance suivante; mais cette brèche est encore remplie par tout un bavardage subconscient, une interrogation sur ce qu'il conviendrait de faire, nous nous enfermons dans une nouvelle situation et nous voici nés de nouveau. Ce processus, nous le répétons à l'infini.

De ce point de vue, lorsque vous donnez naissance à un enfant, si vous vouliez vraiment retenir la vie, il ne faudrait pas couper le cordon ombilical. Pourtant, il le faut. La naissance exprime la séparation entre la mère et l'enfant. Ou bien vous assisterez à la mort de votre enfant, ou bien celui-ci assistera à la vôtre. Peut-être est-ce une façon lugubre de considérer la vie, mais c'est pourtant vrai. Chacun de nos mouvements exprime la naissance, la souffrance et la mort.

Dans la tradition bouddhiste, on distingue trois types de souffrance ou de douleur : la souffrance omnipénétrante, la souffrance de l'alternance, et la souffrance de la souffrance. La souffrance omnipénétrante est la souffrance générale de l'insatisfaction, de la séparation et de la solitude. Nous sommes seuls, des hommes et des femmes solitaires, nous ne pouvons recréer notre cordon ombilical et dire de notre naissance que « c'était une répétition ». Cela est désormais derrière nous. Aussi la souffrance est-elle inévitable aussi longtemps que prévalent la discontinuité et le sentiment d'insécurité.

La souffrance omnipénétrante est une frustration générale résultant de l'agression. Que nous soyons délicat ou brutal, apparemment heureux ou malheureux, cela ne fait rien à l'affaire. Tant que nous essayons de nous accrocher à notre propre existence, nous devenons un paquet de muscles tendus par la protection de nous-même. Cela est une cause d'inconfort. Nous avons tendance à ressentir notre existence comme légèrement incommode. Même si nous avons la maîtrise de nous-même, et si nous disposons d'argent, de nourriture, d'un toit, d'amis en abondance, demeure cette petite chose dans notre être qui nous travaille. Quelque chose se profile dont nous avons sans cesse à nous protéger, à nous cacher. Il nous faut éviter de commettre la moindre gaffe, mais nous ne savons ce qu'elle risque d'être. Il existe en quelque sorte un entendement universel d'un secret à garder, d'un lapsus à ne pas faire, de quelque chose d'innommable. En dehors de toute logique, on se sent vaguement menacé.

Aussi, quel que puisse être notre bonheur, nous demeurons irrité et précautionneux. Nous ne souhaitons pas réellement être exposé, nous ne voulons pas vraiment rencontrer cette chose, quelle qu'elle soit. Bien sûr, nous pourrions essayer de rationaliser ce sentiment en disant : « Je n'ai pas assez dormi la nuit dernière, et je me sens drôle aujourd'hui; je ne veux rien faire de difficile — je risquerais de faire une gaffe. » Mais de telles autojustifications ne tiennent pas. Le souci de ne pas gaffer implique que l'on est contrarié et que l'on essaie de se cacher. Nous sommes fâché par notre domaine privé innommable que nous ne voulons pas exposer. « Si seulement je pouvais me débarrasser de cela, je serais soulagé, je me sentirais libre. »

Cette souffrance fondamentale prend des formes innombrables — souffrance de perdre un ami, de devoir attaquer un ennemi, souffrance de gagner de l'argent, de désirer des références, souffrance de faire la vaisselle, d'accomplir notre devoir, souffrance de sentir quelqu'un regarder par-dessus notre épaule, de réaliser notre inefficacité, de rencontrer l'échec, souffrance des relations de toutes sortes.

En plus de la souffrance omnipénétrante, il y a la souffrance de l'alternance, qui consiste à prendre conscience que vous portez un fardeau. Parfois vous avez le sentiment que le fardeau a disparu, parce que vous vous sentez libre; il vous semble que vous n'avez plus à courir après vous-même. Mais le sentiment d'alternance entre la douleur et son absence, entre la maladie et la santé, encore et toujours, est en soi douloureux. Il est dur de sentir à nouveau le poids du fardeau sur son épaule.

Enfin, il y a la souffrance de la souffrance, qui est le troisième type. Vous vous sentez déjà peu sûr, incertain de votre territoire. Là-dessus, vous vous inquiétez de votre condition et développez un ulcère. En vous précipitant chez le médecin pour soigner cet ulcère, vous vous foulez le pied. La résistance à la souffrance ne fait qu'en accroître l'intensité. Les trois types de souffrance se succèdent rapidement dans la vie, ils l'envahissent. Vous ressentez d'abord la souffrance fondamentale, puis celle de l'alternance, de la douleur à son absence et vice versa; puis vous rencontrez la souffrance de la souffrance, la souffrance de toutes ces situations existentielles non désirées.

Vous décidez de partir en vacances à l'étranger, en prévoyant de prendre du bon temps, mais les choses se gâtent. Sur place, votre vieil ami a été victime d'un accident. Il est à l'hôpital, et sa famille très inquiète, incapable de vous offrir l'accueil et l'hospitalité que vous aviez souhaités. Il vous faut résider à l'hôtel, mais vous n'en avez bientôt plus les moyens, car vos ressources s'épuisent. Vous décidez de changer votre argent au marché noir et vous vous faites rouler. Votre ami supposé, dans sa chambre d'hôpital, commence soudain à ne plus vous aimer, à vous trouver assommant. Vous voulez rentrer chez vous, mais cela est impossible. Tous les vols sont annulés à cause du mauvais temps. Vous êtes vraiment désespéré, chaque heure, chaque seconde compte pour vous. Vous faites les cent pas dans l'aéroport, votre visa arrive bientôt à expiration. Il vous faut sortir rapidement de ce pays. Et, comme vous vous n'en parlez pas la langue, vous avez le plus grand mal à vous expliquer avec les autorités.

De telles situations se produisent tout le temps. Nous nous dépêchons, nous tâchons de nous débarrasser de notre souffrance, et ainsi ne faisons que la redoubler. La souffrance est très réelle. Nous ne pouvons feindre le bonheur et la sécurité. La souffrance est notre compagne de chaque instant. Cela continue sans fin — souffrance omnipénétrante, souffrance de l'alternance et souffrance de la souffrance. Si nous recherchons l'éternité, le bonheur ou la sécurité, l'expérience de la vie est souffrance, *duhkha*.

Absence d'ego

C'est précisément dans cet effort en vue d'assurer notre bonheur, de nous maintenir en relation avec quelque chose d'autre, que réside le processus de l'ego. Mais un tel effort se révèle futile parce qu'il y a sans cesse des brèches dans notre monde apparemment solide, sans cesse des cycles de mort et de renaissance, un changement constant. Le sentiment de la continuité et de la solidité du soi est une illusion. En réalité, il n'existe rien de tel qu'ego, âme ou *atman*. Une succession de confusions crée l'ego. En effet, le processus qu'est l'ego consiste en une agitation de confusion, une agitation d'agression, une agitation de cupidité — tout cela existant seulement dans l'instant. Dès lors que nous ne pouvons nous cramponner à l'instant présent, il nous est impossible de nous accrocher au moi, au mien, d'en faire des choses solides.

L'expérience de la relation du soi avec les objets extérieurs est en fait une discrimination momentanée, une pensée flottante. Si nous engendrons ces pensées flottantes avec une fréquence suffisante, nous pouvons créer l'illusion de la continuité et de la solidité. Dans une projection cinématographique, les images individuelles se succèdent si rapidement qu'elles produisent l'illusion d'un mouvement continu. Aussi nous forgeons-nous une idée préconçue selon laquelle le *soi* et l'*autre* sont solides et continus. Munis de cette idée, nous manipulons nos pensées pour la confirmer et toute preuve du contraire nous effraie. Notre prison, c'est cela — cette peur d'être exposé, ce déni de l'impermanence. Or seule la reconnaissance de l'impermanence nous donne la possibilité de mourir, de trouver l'espace pour renaître et d'apprécier la vie comme un processus créateur.

La compréhension de l'absence d'ego se fait en deux temps. Dans un premier temps, nous nous rendons compte que l'ego n'existe pas comme entité solide, qu'il est constamment changeant, et que c'étaient nos conceptions qui le rendaient solide. Nous en concluons que l'ego n'existe pas. Mais nous avons encore formulé une conception subtile de l'absence d'ego. Il reste quelqu'un pour observer l'absence d'ego, un observateur qui s'identifie à cette absence pour maintenir son existence. La seconde étape consiste à voir à travers cette conception subtile et à laisser tomber l'observateur. La véritable absence d'ego est l'absence de la conception de l'absence d'ego. D'abord quelqu'un perçoit l'absence d'ego, puis il n'y a plus personne pour percevoir. Dans le premier temps, on perçoit qu'il n'y a pas d'entité fixe, parce que chaque chose est relative à quelque chose d'autre. Dans le second temps, on comprend que la notion de relativité implique un observateur qui la perçoive, la confirme, ce qui introduit un nouveau type de relativité, le couple observateur-observé.

Dire que l'absence d'ego existe réellement parce que les choses changent constamment ne va pas très loin, étant donné que nous nous accrochons encore au changement comme à

quelque chose de solide. L'absence d'ego ne signifie pas seulement que la discontinuité implique le lâcher-prise. La véritable absence d'ego implique aussi bien la non-existence de la
discontinuité. Et l'on ne peut donc s'accrocher non plus à
l'idée de discontinuité. En fait, la discontinuité n'opère pas
réellement. Notre perception de la discontinuité est le produit
de l'insécurité; c'est un concept. Et il est de même de toute
idée concernant l'unité sous-jacente aux phénomènes.

L'idée d'absence d'ego a souvent servi à voiler la réalité de
la naissance, de la souffrance et de la mort. Le problème réside
dans le fait que, une fois conçues la notion d'absence d'ego
et celle de souffrance, naissance et mort, on peut facilement se
divertir ou se justifier en prétendant que la souffrance n'existe
pas dès lors qu'il n'y a pas d'ego pour la subir, et que ni la
naissance ni la mort n'ont de réalité puisqu'il n'y a personne
pour les observer. C'est là seulement une façon de s'en tirer à
bon compte. La philosophie de *shunyata* a souvent été défor-
mée par la présentation d'arguments tels que : « Il n'y a personne pour souffrir, alors pourquoi s'en faire? Si vous souf-
frez, ce doit être votre illusion. » C'est là une simple opinion,
une pure spéculation. Nos lectures, nos réflexions sont de peu
de poids lorsque nous souffrons réellement; pouvons-nous,
alors, rester indifférents? Bien sûr que non; la souffrance
excède nos petites idées personnelles. Une véritable compréhension de l'absence d'ego pourfend les opinions. L'absence d'une
notion d'absence de l'ego nous permet d'expérimenter pleinement la souffrance, la naissance et la mort, parce qu'il ne
s'agit plus ici de délayages philosophiques.

Toute la question est de lâcher tous les points de repère,
toutes les conceptions concernant ce qui est ou devrait être.
Il devient alors possible de faire directement l'expérience des
phénomènes, uniques et vifs. Un espace formidable s'offre
à l'expérience des choses, ce qui permet à l'expérience de se
produire et puis de disparaître. Le mouvement s'insère dans

un vaste espace. Tout ce qui survient, plaisir et douleur, naissance et mort et ainsi de suite, est expérimenté dans sa pleine saveur, sans interférence. Que cela soit doux ou amer, on en fait complètement l'expérience, sans couverture philosophique ni interprétation émotionnelle qui rendent les choses aimables ou présentables.

Nous ne sommes jamais piégés dans la vie, car elle nous offre de constantes occasions d'exercer notre créativité, des défis qui nous provoquent à l'improvisation. Ironiquement, si nous voyons clairement, si nous reconnaissons notre absence d'ego, nous découvrirons peut-être que la souffrance recèle la félicité, l'impermanence, la continuité ou l'éternité, et l'absence d'ego la qualité terrienne de l'être solide. Mais cette félicité transcendantale, cette continuité et cet être ne sont pas fondés sur des fantasmes, des idées ou des peurs.

2

Styles d'emprisonnement

Plaisanterie cosmique

Si nous voulons pourfendre l'ambition de l'ego, il nous faut comprendre comment nous établissons le moi et son territoire, comment nous utilisons nos projections comme références afin de prouver notre existence. Cet effort en vue de confirmer notre solidité trouve sa source dans une incertitude quant à la réalité de notre existence. Nous cherchons donc à prouver notre propre existence par rapport à un point extérieur, un objet solide dont nous nous sentions séparés, et avec lequel nous établissons une relation; mais l'ensemble de l'entreprise est contestable si nous remontons réellement en arrière. Peut-être sommes-nous les auteurs d'une gigantesque mystification?

La mystification tient dans le sentiment de solidité du moi et de l'autre. Cette fixation dualiste vient du néant. Au départ, il y a un espace ouvert, zéro, ne renvoyant qu'à lui-même, non relationnel. Mais, pour en confirmer la nullité, il nous faut créer l'un pour prouver que le zéro existe. Cela même ne suffit pas; nous risquerions de rester bloqués entre le un et le zéro. Aussi commençons-nous à avancer, à nous aventurer à l'extérieur. Nous créons le deux pour confirmer l'existence du un, puis nous sortons à nouveau et confirmons le deux par le trois, puis le trois par le quatre, et ainsi de suite. Nous établissons un arrière-plan, un fondement à partir duquel il est possible de partir à l'infini. C'est ce que l'on appelle *samsara*, le cercle vicieux et sans fin de confirmation de l'existence. Une confirmation en exige une autre, qui en exige une autre...

Il est très pénible d'essayer de confirmer notre solidité. Nous nous retrouvons sans cesse en train de glisser soudain d'un plancher qui nous semblait s'étendre à l'infini. Nous essayons alors d'échapper à la mort en prolongeant immédiatement le plancher pour le faire apparaître à nouveau illimité. Nous nous croyons en sécurité sur notre parquet apparemment solide, mais nous glissons une nouvelle fois et il faut encore le prolonger. Nous ne réalisons pas que l'ensemble du processus n'est en rien nécessaire, que nous n'avons nul besoin de plancher pour nous tenir debout, et que nous avons bâti tous ces planchers au ras du sol. Il n'y a jamais eu le moindre danger de chute, le moindre besoin d'un appui. En fait, notre souci de prolonger indéfiniment le parquet pour nous assurer une base ferme est une vaste plaisanterie, la plus grosse des blagues, une plaisanterie cosmique. Mais cela peut ne pas paraître drôle, et prendre l'aspect d'une sérieuse duperie.

En vue de comprendre plus précisément le processus de confirmation de la solidité du moi et de l'autre, c'est-à-dire le développement de l'ego, il est utile de se familiariser avec les cinq *skandhas,* un ensemble de concepts bouddhistes qui décrivent l'ego comme un processus en cinq étapes.

La première étape ou skandha, la naissance de l'ego, est nommée « forme » ou ignorance fondamentale. Nous oublions l'ouverture, la fluidité, l'intelligence de l'espace. Et lorsqu'une brèche ou un espace survient dans notre expérience de l'esprit, lorsque fulgure un soudain éclair de conscience, d'ouverture, d'absence d'ego, nous sommes pris d'un doute : « Et si je découvrais qu'il n'y a pas de moi solide? Cette éventualité me fait peur. Je ne veux pas m'engager là-dedans. » Cette paranoïa abstraite, cet inconfort à l'idée que, peut-être, quelque chose ne va pas, telle est la source des réactions karmiques en chaîne. C'est la peur de la confusion et du désespoir ultimes. La peur de l'absence d'ego, de la condition sans ego, pèse sur nous comme une menace constante. « Et si c'était vrai? J'ai peur à l'idée d'y regarder de plus près. » Nous voulons maintenir quelque solidité, mais le seul matériau utilisable est l'espace, l'absence d'ego, aussi essayons-nous de solidifier ou de geler cette expérience de l'espace. L'ignorance en ce cas n'est pas stupidité, mais une espèce d'entêtement. Nous sommes soudain épouvanté par la découverte de l'inexistence du soi, et la refusons; nous voulons nous tenir à quelque chose.

Lors de l'étape suivante, nous tâchons de trouver un moyen de nous occuper, de détourner notre attention de notre solitude. La réaction karmique en chaîne se déclenche. Le *karma* dépend de la relativité de ceci et cela — notre existence et nos projections — et il renaît continuellement alors que nous essayons de nous occuper. En d'autres termes, nous avons peur de n'être pas validé par nos projections. Il nous faut constamment chercher à prouver que nous existons effectivement en ressentant nos projections comme quelque chose de solide. Ressentie, la solidité d'un objet apparemment extérieur nous rassure sur notre propre solidité en tant qu'entité. Tel est le second skandha, la « sensation ».

A la troisième étape, l'ego développe trois stratégies ou impulsions pour entrer en rapport avec ses projections : l'indifférence, la passion et l'agression. Ces impulsions sont guidées par la perception. La perception, en l'occurrence, est le sentiment embarrassant de devoir rapporter au quartier général tout ce qui se passe à chaque instant. Chaque situation devient alors manipulable par le choix d'une stratégie.

Dans la stratégie de l'indifférence, nous anesthésions toutes les zones sensibles que nous préférons éviter, qui pourraient nous faire mal. Nous revêtons une armure. La seconde stratégie, la passion, consiste à essayer de se saisir des objets pour les dévorer. C'est un processus magnétisant. Ordinairement, nous ne cherchons pas à saisir si nous nous sentons assez riche. Mais, chaque fois que nous nous sentons pauvre, affamé, impuissant, nous nous prolongeons, nous lançons nos tentacules pour tenter de nous accrocher à quelque chose. L'agression, la troisième stratégie, se fonde aussi sur l'expérience de la pauvreté, sur la sensation de ne pouvoir survivre et de devoir donc écarter tout ce qui menace notre propriété ou nos moyens de subsistance. Et plus on est conscient des possibilités de menace, plus la réaction devient désespérée. Vous essayez de courir de plus en plus vite pour trouver un moyen de vous nourrir ou de vous défendre. Cette précipitation fébrile est une forme d'agression. L'agression, la passion et l'indifférence forment le troisième skandha, perception/impulsion.

Ignorance, sensation, perception et impulsion — ce sont tous des processus instinctifs. Nous mettons en œuvre un système de radar qui tâte notre territoire. Mais nous ne pouvons établir correctement l'ego sans l'intellect, sans la faculté de conceptualiser et de nommer. Nous disposons maintenant d'une collection extrêmement riche d'événements intérieurs. Et, toutes ces choses qui surviennent, nous commençons à les catégoriser, à leur coller des étiquettes, à les nommer. Nous les officialisons, en quelque sorte. Ainsi l'intellect, ou le concept, est-il l'étape suivante du développement de l'ego, le quatrième skandha. Mais cela même ne suffit pas, nous avons besoin d'un mécanisme très actif et efficace pour coordonner les processus instinctifs et intellectuels de l'ego. C'est le dernier stade du développement de l'ego, le cinquième skandha, la « conscience ».

La conscience consiste en émotions et en structures mentales irrégulières qui, prises en bloc, forment les différents univers fantasmatiques grâce auxquels nous nous maintenons occupé.

Les Écritures font référence à ces univers fantasmatiques sous l'appellation des « six mondes ». Les émotions, qui captent l'attention, sont les points saillants, les généraux de l'armée de l'ego; la pensée inconsciente, les rêveries et autres formations mentales tiennent lieu d'agents de liaison. Quant aux pensées conscientes, elles forment le corps de troupe, toujours en mouvement, toujours occupé. Nos pensées ont un caractère névrotique en ce sens qu'elles sont irrégulières, qu'elles changent tout le temps de direction et se chevauchent. Nous ne cessons de sauter d'une pensée à l'autre : partant de considérations spirituelles, nous glissons à des fantasmes sexuels, qui cèdent le pas à des soucis d'argent, bien vite relayés par des réflexions domestiques, et ainsi de suite. L'ensemble du développement des cinq skandhas — ignorance/forme, sensation, perception/impulsion, concept et conscience — sont notre tentative de créer un bouclier contre la vérité de notre insubstantialité.

La pratique de la méditation consiste à voir la transparence de ce bouclier. Mais nous ne pouvons commencer par aborder directement l'ignorance fondamentale; on ne peut détruire un mur d'une seule poussée. Si l'on veut démanteler une muraille, il faut la mettre en pièces pierre après pierre; on commence par ce qui se présente immédiatement, qui nous sert de pierre de gué. Aussi la pratique de la méditation aborde-t-elle d'abord les émotions et les formations mentales, en particulier le processus de la pensée.

Auto-absorption

Les différents styles d'occupation samsarique sont considérés comme des « mondes » en ce sens qu'ils sont une version particulière de la réalité, au sein de laquelle nous demeurons. Fascinés par notre environnement, nos désirs et nos aspirations, nous déployons tous nos efforts pour en maintenir le caractère familier, afin de ne pas céder à un état d'esprit spacieux. Nous nous accrochons à nos modèles habituels parce que la confusion fournit un sol terriblement familier où s'enfoncer, aussi bien qu'une façon de s'occuper. Nous craignons d'abandonner cette sécurité et ce divertissement, nous avons peur de pénétrer dans l'espace ouvert, dans un état d'esprit méditatif. La perspective de l'éveil est très irritante parce que nous ne savons comment la prendre, aussi préférons-nous rentrer promptement dans notre prison plutôt que de nous en libérer. La confusion et la souffrance deviennent une occupation souvent très sécurisante et délicieuse.

Les six mondes sont : le monde divin, celui des dieux jaloux, le monde humain, le monde animal, le monde des fantômes affamés et le monde infernal. Les mondes consistent de façon prédominante en des attitudes envers nous-mêmes et notre environnement, attitudes émotionnelles colorées et renforcées par des conceptualisations et des rationalisations. En tant qu'êtres humains, nous avons la possibilité d'expérimenter au cours d'une journée des émotions de tous les mondes, de l'orgueil du monde divin à la haine et à la paranoïa du monde infernal. Néanmoins, le psychisme d'un individu est en général fermement enraciné dans un monde particulier. Ces mondes nous fournissent un style de confusion, une façon de nous divertir et de nous occuper de telle sorte que nous n'ayons pas à affronter notre incertitude fondamentale, l'ultime terreur à l'idée que nous puissions ne pas exister.

L'occupation fondamentale du monde divin est la fixation mentale, une sorte d'absorption méditative, fondée sur l'ego, sur l'approche du matérialisme spirituel. Dans une telle pratique, le méditant se maintient lui-même en demeurant sur quelque chose. Le thème particulier de la méditation, quelque profond qu'il puisse paraître, est expérimenté comme un corps solide plutôt que transparent. Cette pratique méditative commence par une terrible quantité de préparatifs ou « autodéveloppement ». En fait, le but d'une telle pratique n'est pas tant de créer la solidité d'un lieu où habiter, que de créer la conscience de soi de l'habitant. L'existence de cette formidable conscience de soi réaffirme, bien sûr, son existence au méditant.

On peut obtenir des résultats spectaculaires au moyen d'une telle pratique, si elle est menée à bien : avoir de belles visions, entendre des musiques séduisantes, entrer dans des états mentaux apparemment profonds, atteindre la béatitude physique et mentale. En déployant ses efforts, l'esprit conscient de soi peut rencontrer ou produire toutes sortes d'états de conscience altérés. Mais de telles expériences sont des imitations, des fleurs artificielles, fabriquées.

Nous pourrions également prendre appui sur une technique — la répétition d'un *mantra,* ou la visualisation. Vous n'êtes pas complètement absorbé dans la visualisation ou le mantra, au contraire, c'est *vous* qui visualisez, c'est *vous* qui répétez le mantra. Une telle pratique, fondée sur un « moi, je fais ceci », est à nouveau une manifestation du développement de cette conscience de soi.

Le monde divin est réalisé moyennant un formidable combat, il est fabriqué à partir de l'espoir et de la peur. La peur de l'échec et l'espoir du succès s'accumulent en crescendo. Nous nous croyons tantôt au bord de la réussite, tantôt sur le point d'échouer. L'alternance entre ces extrêmes produit une tension énorme. Le succès ou l'échec nous importent tellement — « C'est la fin pour moi », ou bien « J'ai réalisé la jouissance suprême ».

Finalement, nous nous passionnons tellement que nous commençons à perdre de vue nos points de repère de peur et d'espoir. Nous perdons toute trace du lieu où nous sommes et de ce que nous faisons. Alors, en un éclair soudain, le plaisir et la douleur s'unifient complètement et l'état méditatif du repos sur l'ego nous envahit. Quelle percée! quelle formidable réalisation! Bientôt, le plaisir commence à saturer notre système, psychiquement et physiquement. Nous ne nous soucions plus de craindre ni d'espérer. Et peut-être croyons-nous avoir atteint pour toujours l'illumination ou l'union permanente avec Dieu. A ce moment, tout ce que nous percevons nous semble beau, aimant; même les situations les plus grotesques nous paraissent célestes. Tout élément déplaisant ou agressif nous semble beau lorsque nous avons réalisé l'union avec l'ego. En d'autres termes, l'ego a perdu la piste de son intelligence. C'est la réalisation absolue, ultime, de la confusion, l'abîme de l'ignorance — une condition extrêmement puissante. C'est une sorte de bombe atomique spirituelle, autodestructrice du point de vue de la compassion, de la communication, de la sortie des contraintes de l'ego. L'approche du monde divin est d'un bout à l'autre égocentrique, on se charge sans cesse de nouvelles chaînes qu'on fait surgir soi-même. Plus nous développons notre pratique, plus nous créons de liens. Les Écritures citent l'analogie du ver à soie qui s'enferme dans son propre fil jusqu'à s'étouffer.

Nous n'avons en fait examiné qu'un ou deux aspects du monde divin, la perversion autodestructrice de la spiritualité en matérialisme. Toutefois, la version du matérialisme émanant du monde des dieux s'applique également aux préoccupations soi-disant profanes comme la recherche de la jouissance physique ou psychique, la tentative d'ériger des valeurs séduisantes : richesse, santé, beauté, célébrité ou vertu... Une telle approche est toujours orientée vers le plaisir, en ce sens qu'elle vise à renforcer l'ego. Ce qui caractérise le monde divin, c'est que l'ego a cessé de faire la comptabilité de la peur et de l'espoir. Cela peut être réalisé en termes physiques

aussi bien que spirituels. Dans les deux cas, pour atteindre un
bonheur aussi extraordinaire, il nous faut perdre la trace de
celui qui recherche, et du but visé. Si notre ambition s'exprime en termes de soucis profanes, nous commençons par
rechercher le bonheur, mais bientôt nous prenons goût à la
lutte pour le bonheur lui-même, et nous commençons à nous
détendre dans ce combat. A mi-chemin de la réalisation du
plaisir et du confort absolus, nous abandonnons et tâchons de
tirer le meilleur de la situation régnante. Le combat devient
une aventure, de grandes vacances. Nous sommes encore
engagé dans notre périlleux voyage vers le but final mais, en
même temps, chaque pas le long du chemin nous met comme
en vacances.

Aussi le monde divin n'est-il pas particulièrement douloureux en lui-même. La souffrance provient de la désillusion
finale. Nous croyons avoir atteint un état de béatitude continuelle, spirituelle ou mondaine; nous nous reposons sur cette
idée. Mais soudain une réalisation nous ébranle : ce que l'on
a atteint ne va pas toujours durer. Notre bonheur devient
chancelant et plus irrégulier, la pensée de le maintenir apparaît dans notre esprit alors que nous tentons de nous replon-
ger dans la béatitude passée. Mais les circonstances karmiques nous amènent toutes sortes d'irritations; aussi, à un
certain moment, commençons-nous à douter de la continuité
de la béatitude. Avec une violence soudaine surgit le sentiment d'avoir été dupé, la certitude de devoir quitter tôt ou
tard le monde divin. Lorsque les circonstances nous ébranlent
et nous obligent à nous occuper de situations exceptionnelles,
l'ensemble du processus s'avère extrêmement décevant. On se
condamne soi-même, ou l'on accuse la personne qui nous a
introduit dans le monde divin, ou l'on s'en prend à l'événement qui nous en a fait sortir. Les sentiments de colère et de
déception se développent parce que l'on pense avoir été
trompé. Notre comportement envers l'environnement se modi-

fie, on change de monde. Cela est appelé samsara — ce qui signifie littéralement « cercle sans fin », « tourbillon » —, l'océan de confusion qui tournoie sans trêve.

Paranoïa

La caractéristique dominante du monde suivant, le monde des dieux jaloux ou *asura,* est la paranoïa. Essayez d'aider une personne à mentalité asura, elle interprète votre action comme une tentative de la brimer ou de s'infiltrer dans son territoire. Mais si vous décidez de ne pas l'aider, elle interprète votre abstention comme un signe d'égoïsme : vous préférez votre petit confort. Et, si vous lui donnez le choix, elle pense que vous jouez avec elle. La mentalité asura est très intelligente : elle voit dans tous les coins cachés. Vous croyez communiquer face à face avec un asura, mais en fait on vous regarde dans le dos. Cette intense paranoïa se combine avec une efficacité et une acuité extrêmes, qui inspirent une forme défensive d'orgueil. La mentalité asura est associée au vent, elle se précipite, essayant de tout réaliser sans délai et se prémunissant contre toute attaque. Elle vise constamment quelque chose de plus haut, de plus grand. Une telle entreprise exige que l'on se garde de tout faux pas. On n'a pas de temps pour se préparer à mettre son action en pratique. On agit simplement sans préparation. Une pseudo-spontanéité, un sentiment de liberté d'action se développent.

La mentalité asura se soucie de comparer. Dans le combat constant pour maintenir la sécurité et réaliser de plus grandes choses, il vous faut des points de référence, des bornes pour pouvoir décrire votre mouvement, circonscrire l'adversaire, mesurer le progrès accompli. Les situations existentielles apparaissent comme des jeux en ce sens qu'il y a toujours un adversaire et soi-même. On s'occupe constamment de moi et eux, moi et mes amis, moi et moi-même. Tous les recoins ont l'air suspects ou menaçants, aussi doit-on les inspecter et y faire attention. Mais on ne cherche pas pour autant à se cacher ou à se camoufler. On est très direct, on est prêt à sortir pour se battre dès qu'apparaît un problème, un complot ou même une apparence de conjuration. On sort et l'on se bat, face à face, on essaie de démonter le complot. En même temps que l'on sort et que l'on affronte la situation, on se méfie des messages que l'on en reçoit, aussi les ignore-t-on. On refuse d'accepter quoi que ce soit, d'apprendre quoi que ce soit venant de l'extérieur, parce que l'on considère autrui comme un ennemi.

Passion

La passion est l'occupation majeure dans le *monde humain*. En ce sens, elle est une forme intelligente de cupidité où l'esprit logique, la raison, est toujours orienté vers la création de bonheur. On ressent de façon aiguë la séparation d'avec les objets de plaisir, il en découle un sentiment de perte, de pauvreté, souvent accompagné de nostalgie. Vous sentez que seuls des objets de plaisir pourraient vous procurer le confort et le bonheur, mais vous vous sentez gauche, ni assez fort ni assez magnétique pour que ces objets soient attirés naturellement dans votre territoire. Toutefois, vous vous évertuez à les y attirer. Cela engendre souvent une attitude critique envers autrui. On veut magnétiser les meilleures qualités, les situations les plus agréables, les plus sophistiquées, les plus civilisées.

Ce type de magnétisation diffère de celui du monde des asura, qui n'est pas aussi sélectif ni intelligent. Le monde humain, par comparaison, implique un haut degré de sélectivité et de minutie. On a le sentiment aigu de détenir sa propre idéologie et son propre style, et de rejeter ce qui s'en écarte. Il faut qu'il y ait de l'équilibre dans tout. Vous critiquez et condamnez ceux qui n'acceptent pas vos critères. Ou bien vous êtes impressionné par une personne qui incarne votre style ou le réalise de façon supérieure, un être très intelligent et d'un goût très raffiné, qui mène une vie agréable et dispose des biens que vous convoitez. Peut-être est-ce un personnage historique ou une figure mythologique ou un contemporain qui vous impressionne à ce point. Il s'agit de quelqu'un d'accompli, dont vous aimeriez posséder les qualités. Ce n'est pas simplement une question de jalousie; vous voulez attirer la personne en question dans votre territoire. C'est une forme ambitieuse de jalousie, dans laquelle vous souhaitez égaler autrui.

L'essence du monde humain réside dans l'effort en vue de réaliser quelque chose d'élevé. Les habitants de ce monde ont souvent des visions du Christ, de Bouddha, de Krishna, de Mahomet ou d'autres figures historiques formidablement porteuses de sens à cause de leur réalisation. Ces grands personnages ont magnétisé tout ce qu'il est possible de concevoir — la renommée, le pouvoir, la sagesse. S'ils avaient souhaité s'enrichir ils l'auraient pu grâce à leur très forte influence sur autrui. Vous aimeriez être comme eux — pas nécessairement meilleur qu'eux, mais au moins égal à eux. Les gens ont souvent des visions où ils s'identifient avec des êtres de grande envergure, que ce soient des personnages politiques, des musiciens, des peintres, des scientifiques, et ainsi de suite. De façon héroïque, vous voulez créer des monuments, le plus beau, le plus grand monument historique. Cette approche héroïque se fonde sur la fascination de ce qui vous manque. Lorsque vous entendez parler d'un être humain qui possède des qualités remarquables, vous le considérez comme un être de poids et vous vous considérez vous-même comme insignifiant. Cette comparaison et cette sélection continuelles engendrent une procession incessante de désirs.

La mentalité humaine met fortement l'accent sur la connaissance, l'érudition et l'éducation, la cueillette de toutes sortes d'informations ou de sagesses. L'intellect est plus actif dans le monde humain. Vous avez rassemblé tellement d'objets et conçu tant de projets que votre esprit bat la campagne. Il n'est rien de plus caractéristique du monde humain que d'être bloqué dans un vaste embouteillage de pensée discursive. Vous êtes si occupé à penser que vous ne pouvez rien apprendre du tout. Les productions constantes d'idées, de projets, d'hallucinations et de rêves distinguent nettement cette mentalité de celle du monde divin. Dans le monde divin, vous êtes totalement absorbé par un état de béatitude, une sorte de satisfaction autocollante. Dans le monde des dieux jaloux, vous êtes complètement ivre de compétition, vous n'avez pas tellement la possibilité de penser, parce que les expériences sont si puissantes qu'elles vous accablent, vous hypnotisent. C'est dans le monde humain que les pensées surgissent en masse. L'esprit intellectuel ou logique se renforce, de telle sorte que l'on est entièrement envahi par la possibilité de magnétiser de nouvelles situations. On tâche de saisir des idées et des stratégies nouvelles, des précédents historiques, des citations livresques, des événements personnels significatifs, et ainsi de suite, de telle sorte que la pensée remplit tout à fait notre esprit. Les éléments enregistrés par le subconscient sont continuellement projetés sur l'écran mental, beaucoup plus que dans les autres mondes.

Ainsi est-ce là un monde très intellectuel, très occupant, très dérangeant. La mentalité humaine est moins orgueilleuse que les autres. Dans les autres mondes, vous trouvez une occupation à laquelle vous accrocher et d'où dérive quelque satisfaction, ce qui n'est pas le cas ici : il n'y a pas une telle satisfaction, et vous recherchez constamment de nouvelles situations ou vous essayez d'améliorer celles qui existent. C'est l'état d'esprit le moins agréable, car la souffrance n'y est considérée ni comme une occupation ni comme un défi à soi-même; elle est bien plutôt comme un rappel constant des ambitions qu'elle suscite.

Stupidité

La description des divers mondes souligne des différences subtiles mais réelles dans le comportement quotidien des personnes — leur façon de marcher, parler, écrire des lettres, lire, manger, dormir, etc. Chacun tend à développer un style qui lui est particulier. Si nous entendons un enregistrement de notre voix ou si nous nous voyons sur un écran lors d'une projection vidéo ou cinématographique, nous sommes souvent choqué en découvrant notre style tel que le voient les autres. Cela nous semble extrêmement étranger. Et, en général, le point de vue d'autrui nous irrite ou nous embarrasse.

C'est dans le *monde animal* que nous sommes le plus aveugle quant à la façon dont les autres nous voient. Je ne parle pas d'une renaissance littérale sous la forme d'un animal, mais de la qualité animale de l'esprit, une mentalité qui poursuit obstinément des buts prédéterminés. La mentalité animale est très sérieuse. Elle transforme même l'humour en occupation sérieuse. On essaie consciemment de créer un environnement amical, en plaisantant, se montrant drôle, intime, ou perspicace. Les animaux, cependant, ne sourient ni ne rient réellement; simplement, ils se comportent. Il peut leur arriver de jouer, mais il n'est pas habituel qu'ils rient vraiment. Peut-être feront-ils des bruits ou des gestes amicaux, mais sans les subtilités du sens de l'humour. La mentalité animale regarde en face, comme si elle portait des œillères. Elle ne regarde jamais sur les côtés, mais va honnêtement droit devant, en quête de la nouvelle situation qui s'offre, essayant continuellement d'ajuster les situations pour les rendre conformes à son attente.

Le monde animal est associé à la stupidité : on préfère jouer les sourds-muets, suivre les règles des jeux disponibles plutôt que de les redéfinir. Bien sûr, vous pouvez essayer de manipuler votre perception d'un jeu donné, mais en fait vous vous contentez de suivre les indications, de suivre votre instinct. Vous avez formé quelque vœu caché ou secret que vous souhaitez réaliser; aussi, devant un obstacle ou une irritation, vous foncez simplement, sans chercher à savoir si vous risquez ou non de blesser quelqu'un ou de détruire quelque objet de valeur. Vous vous contentez d'avancer, de rechercher ce qui est disponible et, si quelque autre chose se présente, vous tâchez également d'en tirer avantage et vous vous lancez à sa poursuite.

L'ignorance ou la stupidité du monde animal provient d'une mentalité mortellement sérieuse et honnête, qui diffère tout à fait de la confusion de l'égarement fondamental qui caractérise le premier skandha. Dans l'ignorance animale, vous entretenez un certain style de relation avec vous-même, et vous refusez de voir ce style depuis d'autres points de vue. Vous ignorez complètement de telles possibilités. Si quelqu'un vous attaque, ou monte en épingle votre maladresse, votre façon malhabile de vous occuper d'une situation, vous trouvez un moyen de vous justifier, de sauvegarder votre amour-propre. Vous n'avez pas le souci d'être véridique tant que la tromperie peut être maintenue en face d'autrui. Vous vous enorgueillissez d'être assez intelligent pour mentir avec succès. Si vous êtes attaqué, défié, critiqué, vous trouvez automatiquement une réponse. Une telle stupidité peut être très avisée. C'est de l'ignorance ou de la stupidité en ce sens que vous ne voyez pas l'environnement autour de vous, mais seulement votre but et les moyens de l'atteindre, et vous inventez toutes sortes d'arguments pour prouver la justesse de ce que vous faites.

La mentalité animale est extrêmement obstinée, au besoin de façon sophistiquée et ingénieuse, mais sans le sens de l'humour. En définitive, le sens de l'humour est une façon libre de communiquer avec les situations vitales dans leur pleine absurdité. Il consiste à voir clairement les choses, y compris l'auto-illusion, sans œillères, sans barrières, sans justifications. Le sens de l'humour est l'ouverture et la vision panoramique, plus qu'il n'est le soulagement d'une tension. Aussi longtemps que l'humour est utilisé pour soulager la tension, la gêne et l'inconfort, il reste dans le monde animal, et donc conserve le plus grand sérieux. On s'en sert comme d'une béquille. Ainsi l'essence du style animal consiste-t-elle à satisfaire nos désirs avec une honnêteté, une sincérité et un sérieux extrêmes. Traditionnellement, cette façon directe et mesquine d'entretenir des relations avec le monde est symbolisée par le porc. Le porc ne regarde ni à droite ni à gauche, il avance en reniflant, consommant tout ce qui se présente sous son nez; il ne cesse d'aller, sans aucun discernement — c'est un porc très sincère.

Que l'on s'occupe de simples tâches domestiques, ou de projets intellectuels hautement sophistiqués, il est possible d'adopter un style animal. Peu importe que le porc mange des mets coûteux ou des ordures. Ce qui compte est *comment* il mange. Portée à l'extrême, la mentalité animale est prise au piège d'un cercle d'activité continuelle, fermé sur lui-même et comportant sa propre justification. Vous êtes incapable d'établir des relations avec les messages émanant de l'environnement. Vous ne vous voyez pas dans le miroir présenté par autrui. Peut-être traitez-vous de sujets très intellectuels, mais le style est animal dès lors que fait défaut le sens de l'humour, qu'il n'y a aucun moyen de lâcher prise ou de s'ouvrir. On est constamment requis de passer d'une chose à la suivante, sans souci des échecs ni des obstacles. C'est comme un char d'assaut qui fonce, écrasant tout sur son passage. Peu importe si vous écrasez des gens ou si vous défoncez des murs — vous continuez à rouler.

Pauvreté

Dans le monde des *preta,* ou *fantômes affamés,* on se préoccupe du processus d'expansion, d'enrichissement, de consommation. Vous vous sentez fondamentalement pauvre. Vous êtes incapable de continuer à garder le faux-semblant de ce que vous voudriez être. Tout ce dont vous disposez sert à valider votre orgueil, mais ce n'est jamais assez, il y a toujours quelque sentiment d'insuffisance.

La mentalité de la pauvreté est traditionnellement symbolisée par un fantôme affamé qui a une bouche minuscule comme le chas d'une aiguille, un cou et une gorge étroits, des bras et des jambes maigres, et un ventre gigantesque. Sa bouche et sa gorge sont trop petits pour laisser entrer suffisamment de nourriture pour remplir le ventre immense, aussi a-t-il toujours faim. Et la lutte en vue d'apaiser cette faim est très douloureuse parce qu'il lui est très dur d'avaler ce qu'il mange. Naturellement, la nourriture symbolise tout ce que l'on peut désirer — amitié, richesse, vêtements, sexe, puissance, quoi que ce soit.

Tout ce qui apparaît dans votre vie est considéré comme objet de consommation. Une belle feuille d'automne en train de tourbillonner dans le vent est vue comme une proie. Vous l'emportez chez vous ou la photographiez, vous la peignez ou vous en exaltez la beauté dans votre journal intime. Si vous achetez une bouteille de vin, vous êtes déjà excité par le bruit du bouchon qui saute, puis le son du liquide ruisselant dans le verre vous donne une délicieuse sensation de soif. C'est alors qu'en toute conscience vous savourez la première gorgée et que vous la buvez. Ça y est, vous consommez. Quel exploit! N'est-il pas fantastique de réaliser un rêve? Mais, bien vite, vous vous agitez à nouveau et vous cherchez quelque nouvel objet à consommer.

Vous êtes constamment en quête d'un nouveau divertissement — spirituel, intellectuel, sensuel... Il se peut que vous vous sentiez mal armé intellectuellement, et que vous décidiez de vous donner bonne mine en étudiant, en écoutant des réponses délicieusement intelligentes, des paroles profondes et mystiques. Vous consommez une idée après l'autre, et vous essayez de les enregistrer, de les rendre solides et réelles. Chaque fois que vous avez faim, vous ouvrez votre carnet de notes ou vous prenez un livre dispensateur d'idées satisfaisantes. A chaque moment d'ennui, d'insomnie ou de dépression, vous compulsez livres et notes, vous y réfléchissez, vous en tirez du réconfort. Mais tôt ou tard cela devient répétitif. Vous éprouvez alors le désir de rencontrer à nouveau vos maîtres, ou d'en découvrir d'autres. Et puis, après tout, faire un tour au restaurant ou au supermarché ne serait pas une mauvaise idée. Mais, parfois, quelque chose vous empêche de sortir. Vous manquez d'argent, votre enfant tombe malade, vos parents sont mourants, vous avez du travail, et ainsi de suite. Vous réalisez que les obstacles qui s'opposent à vous ne font qu'exacerber votre faim. Plus vous voulez, plus vous réalisez que vous ne pouvez obtenir, ce qui est douloureux.

Il est douloureux d'être suspendu à un désir insatisfait, d'en rechercher sans cesse la satisfaction. Mais, si vous atteignez votre but, alors vient la frustration provenant du fait d'être bourré, si plein que vous êtes insensible aux nouvelles stimulations. Vous essayez de vous agripper à votre bien, de vous reposer sur lui, mais vous vous alourdissez, vous abasourdissez vite. Vous devenez incapable d'apprécier quoi que ce soit. Vous voudriez avoir à nouveau faim pour pouvoir vous remplir. Que vous satisfassiez le désir ou le laissiez en suspens, vous appelez la frustration.

Colère

Le *monde infernal* est régi par l'agression. Celle-ci se fonde sur une telle condition de haine perpétuelle que vous commencez à oublier aussi bien l'objet de votre agression que celui qui vous agresse. L'incertitude et la confusion règnent. Vous avez construit un environnement tellement agressif que, finalement, quand bien même votre colère et votre agression se calmeraient un peu, vous seriez agressé par votre entourage. Cela ressemble à une promenade par temps chaud : peut-être aurez-vous une fugitive sensation de fraîcheur interne, mais elle sera vite dissipée par l'air chaud du dehors dans lequel vous baignez.

L'agression du monde infernal ne paraît pas être votre fait, elle semble imprégner l'espace entier autour de vous. Vous vous sentez extrêmement enfermé et claustrophobe. Il n'y a pas d'espace où respirer, agir, la vie vous submerge. La pulsion agressive atteint une telle intensité que, si vous deviez avoir recours au meurtre pour la satisfaire, cela serait encore trop peu. L'agression rôde toujours autour de vous. Si vous essayiez le suicide, vous découvririez que le tueur demeure; ainsi donc, vous n'auriez pas réussi à vous achever complè-

tement. Un environnement constamment agressif empêche de
savoir qui tue qui. C'est comme si vous essayiez de vous manger vous-même en partant de l'intérieur. Une fois le festin
accompli, le mangeur subsiste, il doit être mangé à son tour, et
ainsi de suite. Chaque fois que le crocodile se mord la queue,
il se nourrit; plus il mange, plus il grandit. Cela n'a pas de fin.

Vous ne pouvez réellement éliminer la douleur par l'agression. Plus vous tuez, plus vous renforcez le tueur, qui s'in-
ventera de nouvelles proies. L'agression grandit jusqu'à
ce qu'il n'y ait finalement plus d'espace : tout l'environnement s'est solidifié. Il n'y a même pas de brèches permettant de jeter un regard en arrière ou de reconsidérer la situation. L'espace entier a été complètement empli d'agression.
C'est vraiment trop. Il n'y a aucune possibilité de créer un
observateur qui serait le témoin de votre activité destructrice,
personne ne vous fait de rapport. Mais en même temps
l'agression se développe. Plus vous détruisez, plus vous
créez.

L'agression est traditionnellement symbolisée par le ciel et
la terre irradiant des flammes rouges. La terre se transforme
en métal chauffé au rouge et l'espace devient un environnement de flammes et de feu. Il n'y a pas la place de respirer
un air frais ni de se rafraîchir. Tout ce que vous voyez autour
de vous est chaud, intense, extrêmement claustrophobique.
Plus vous essayez de détruire vos ennemis ou de vaincre vos
opposants, plus vous provoquez de résistance, de contre-
attaque se ruant sur nous, en retour.

Dans le monde infernal nous émettons des flammes et des
radiations qui nous reviennent continuellement. Il n'est
aucunement possible de faire l'expérience de l'espace ou de
l'ouverture. On s'efforce plutôt en permanence, et parfois avec
beaucoup d'astuce, de fermer entièrement l'espace. Le monde
infernal ne peut être créé qu'à partir des relations établies
avec le monde extérieur, tandis que, dans le monde des

dieux jaloux, vos propres blocages psychologiques pouvaient servir de matériaux pour créer la mentalité asura. Dans le monde infernal, existe constamment une situation relationnelle; vous essayez de jouer avec un objet extérieur, et la tentative revient sur vous en boomerang, créant sans cesse des situations extrêmement claustrophobiques; aussi n'y a-t-il finalement plus aucune place pour communiquer.

Parvenu à ce point, le seul moyen de communiquer consiste à essayer de recréer votre colère. Vous pensiez avoir réussi à gagner, seul contre tous, mais finalement vous n'avez obtenu aucune réponse de l'autre; vous l'avez rayé de l'existence. Ainsi n'êtes-vous confronté qu'au retour sur vous de votre propre agression, et cela parvient à investir tout l'espace. Vous voici laissé seul une fois de plus, sans stimulants, et vous cherchez à jouer le jeu d'une autre façon, encore et toujours. Vous ne jouez pas pour le plaisir, mais parce que vous ne vous sentez pas suffisamment en sécurité. Si vous n'avez pas de moyens pour vous sécuriser, vous cherchez à ranimer le feu car vous avez le sentiment d'être transi. Et pour ranimer le feu, il vous faut constamment lutter en vue de vous maintenir. On ne peut s'empêcher de jouer le jeu; simplement, on s'y retrouve sans cesse impliqué.

Milarepa surmonté de Vajrayogini. Milarepa, l'un des fondateurs de la lignée Kagyü, est renommé pour avoir atteint l'illumination en une seule vie. Son existence présente un exemple de l'approche du bouddhisme tibétain par un yogi, combinant l'ascétisme et la dévotion. Ses descendants sont connus sous le nom de *Kagyüpa,* « la lignée qui pratique ». Il est surmonté de Vajrayogini, qui représente l'aspect féminin de notre nature innée et la clarté acquise par la conscience discriminante. Le principe de Vajrayogini joue un rôle important dans la tradition Kagyü.

3

S'asseoir pour méditer

Le fou

Que faisons-nous une fois que nous avons compris ce qui concerne l'ego et la névrose, une fois connue la situation à laquelle nous sommes confronté? Il nous faut communiquer de façon directe et simple, sans philosophie, avec notre bavardage mental et nos émotions. Il nous faut utiliser au départ le matériau existant, c'est-à-dire les blocages, les références et les illusions de l'ego. Alors nous commençons à réaliser que, dans une telle perspective, nous devons nous appuyer sur de faibles références. Elles sont nécessaires. Sans elles nous ne pouvons commencer. Aussi amorçons-nous la question de la méditation en recourant à de simples techniques : la respiration est notre faible référence. Il y a quelque ironie à cela : nous étions en train d'étudier le *bouddha-dharma* sans références, et nous voici occupé par quelque douteuse activité. Nous faisons précisément ce que nous critiquions. De quoi se sentir mal à l'aise, et bien embarrassé! Cette voie mènerait-elle à un nouveau charlatanisme, serait-elle un retour à l'ego? Le même jeu se poursuit-il? Cet enseignement se moque-t-il de moi, essaie-t-on de me faire passer pour un imbécile? Nous sommes extrêmement soupçonneux. Tant mieux. Cela signifie que notre intelligence s'aiguise. C'est une bonne façon de débuter, mais il n'en demeure pas moins

qu'il faut faire quelque chose. Nous devons faire preuve
d'humilité et reconnaître que, malgré notre sophistication
intellectuelle, notre véritable conscience de l'esprit est pri-
mitive. Nous en sommes au stade du jardin d'enfants, nous
ne savons même pas compter jusqu'à dix. En nous asseyant
pour méditer, nous reconnaissons que nous sommes des
Fous, ce qui est une mesure extraordinairement puissante
et nécessaire. Nous débutons en tant que fous. Nous nous
asseyons pour méditer. Et, lorsque nous commençons à
comprendre que nous sommes des Fous à cent pour cent
de faire une telle chose, nous commençons à voir comment
les techniques peuvent jouer le rôle de béquilles. Nous ne
nous cramponnons pas à nos béquilles, nous ne leur attri-
buons aucune signification mystique importante. Ce sont des
outils que l'on utilise aussi longtemps qu'il en est besoin,
avant de les laisser de côté.

Nous devons souhaiter être des gens complètement ordinaires, ce qui signifie nous accepter tels que nous sommes,
sans essayer de devenir plus grands, plus purs, plus spirituels,
plus profonds. Si nous acceptons nos imperfections pour ce
qu'elles sont, très ordinairement, nous pouvons alors nous
en servir comme d'un élément du sentier. En revanche, si
nous essayons de nous en débarrasser, elles deviendront des
ennemis, des obstacles sur la voie de notre « auto-améliora-
tion ». Et il en est de même pour la respiration. Si nous pouvons la voir telle qu'elle est, sans essayer de nous en servir
pour nous améliorer, elle deviendra partie du sentier dès lors
que nous ne l'utiliserons plus comme instrument de notre
ambition personnelle.

Simplicité

La pratique de la méditation est fondée sur l'abandon de la fixation dualiste, de la lutte entre le bon et le mauvais. Notre attitude à l'égard de la spiritualité devrait être naturelle, ordinaire, dépourvue d'ambition. Même si nous créons du bon karma, nous semons toujours des graines de karma. Aussi s'agit-il de transcender l'ensemble du processus karmique, le bon comme le mauvais.

Dans les textes tantriques, on trouve de nombreuses références à *mahasukha,* la grande joie, qui transcende la peur et l'espoir, la douleur et le plaisir. La joie ici n'est pas un plaisir au sens ordinaire, mais un sentiment de liberté ultime et fondamental, un sens de l'humour, la capacité de considérer ironiquement le jeu de l'ego, le jeu des polarités. Si l'on est capable de voir l'ego dans une perspective aérienne, son caractère humoristique ne peut échapper. Aussi convient-il d'aborder très simplement la méditation, sans rechercher le plaisir ni fuir la douleur. La méditation est plutôt un processus naturel, œuvrant en chemin sur le matériau de la douleur et du plaisir.

Vous n'essayez pas d'employer des techniques de méditation — prière, mantra, visualisation, rituels, techniques de respiration — pour vous donner du plaisir ou confirmer votre existence. Vous n'essayez pas de vous dissocier de la technique, mais au contraire, vous tâchez de devenir cette technique avec un sentiment de non-dualité. La technique est une façon d'imiter le style de la non-dualité. Au début, la personne s'en sert comme d'une sorte de jeu, car elle imagine encore qu'elle est en train de méditer. Mais les techniques

— par exemple, sensations corporelles et respiration — sont très terrestres et tendent à vous mettre les pieds sur terre. On ne doit pas considérer la technique comme une opération magique, miraculeuse ou cérémonielle, mais la voir comme un processus simple — extrêmement simple. Plus la technique est simple, moins vous courez le danger de vous engager dans des détours, parce que vous ne vous nourrissez pas de toutes sortes d'espoirs séduisants et de peurs fascinantes.

Au début, la pratique de la méditation s'occupe seulement de la névrose fondamentale de l'esprit, de la relation confuse entre vous-même et vos projections, de votre relation aux pensées. Lorsque quelqu'un est capable de voir la simplicité de la technique, sans adopter d'attitude spéciale à cet égard, il peut alors envisager de la même façon sa propre structure mentale. Il commence à considérer les pensées — qu'elles soient pieuses, mauvaises, domestiques, etc. — comme de simples phénomènes. Il ne les range plus dans les catégories particulières du bon et du mauvais, il les voit juste comme de simples pensées. Si vous entretenez une relation obsessionnelle avec vos pensées, en fait vous les nourrissez, parce qu'elles exigent votre attention pour survivre. Une fois que vous commencez à leur prêter attention et à les catégoriser, alors elles deviennent très puissantes. Vous leur fournissez de l'énergie dès lors que vous ne les voyez plus comme de simples phénomènes. Et même si l'on essaie de les calmer, c'est encore une façon de les nourrir. Aussi la méditation, dans les débuts, ne consiste-t-elle pas à essayer d'atteindre le bonheur ou la paix, encore qu'ils puissent en être les sous-produits. La méditation ne doit pas être considérée comme un congé pour éviter l'irritation.

En fait, lorsqu'on commence à pratiquer la méditation, on découvre toujours que toutes sortes de problèmes viennent à la surface. Tous les aspects cachés de notre personnalité sont amenés au jour, pour la simple raison que c'est la première fois que nous nous permettons de voir notre état d'esprit tel qu'il est. Pour la première fois nous n'évaluons pas nos pensées.

On commence à apprécier de plus en plus la beauté de la simplicité. Pour la première fois, on fait les choses *complètement*. Respirer, marcher, ou quelle que soit la technique, vous vous y mettez et vous travaillez avec, très simplement. De solides, les complications deviennent transparentes. Aussi la première étape du travail avec l'ego consiste-t-elle à commencer par aborder les pensées de façon simple. Non pas tâcher de les apaiser, mais juste en voir la qualité transparente.

La méditation assise exige d'être combinée avec une pratique de la conscience dans la vie quotidienne. Dans la pratique de la conscience, on commence à ressentir les effets seconds de la méditation assise. Votre relation simple avec la respiration, avec les pensées, se poursuit. Et chaque situation de la vie devient une relation simple — relation simple avec l'évier de la cuisine, relation simple avec la voiture, relation simple avec nos parents ou nos enfants. Cela ne signifie pas, bien sûr, que la personne soit transformée en saint du jour au lendemain. Bien entendu, les irritations familières sont toujours là, mais simples, transparentes.

Les petites choses domestiques peuvent ne pas sembler importantes ou significatives, mais il est extrêmement utile et d'une grande valeur de les aborder de très simple façon. Lorsque quelqu'un devient capable de percevoir la simplicité telle qu'elle est, la méditation devient un travail vingt-quatre heures sur vingt-quatre. On commence à faire l'expérience d'un espace formidable, parce qu'on n'a plus à s'observer lourdement. Vous êtes plutôt le récipient de la situation. Bien sûr, il demeure possible d'observer et de commenter ce processus, mais lorsque vous vous asseyez pour méditer, vous êtes, simplement; vous n'utilisez pas la respiration ou quelque autre technique. Vous prenez quelque chose bien en main.

Vous n'avez plus besoin d'observateur ni de traducteur. Le langage est alors correctement compris.

Attention et conscience

La méditation travaille sur la précipitation, l'agitation, la constante fébrilité. Elle fournit l'espace ou le terrain permettant à l'agitation de fonctionner, de s'agiter sans entraves, de se détendre dans son mouvement. Si l'on ne perturbe pas l'agitation, celle-ci s'intègre à l'espace. On ne réfrène plus, on cesse d'agresser le désir de courir continuellement après son ombre.

La pratique de la méditation ne consiste pas à essayer de produire un état d'hypnose ou de repos psychique. La recherche de la paix de l'esprit reflète une mentalité de pauvreté. Cherchant le repos de l'esprit on se prémunit contre l'agitation et, de façon paranoïaque, on s'entoure constamment de limites. On reste en garde contre les accès soudains de passion, les explosions agressives qui pourraient nous renverser, nous faire perdre le contrôle. Ce processus de surveillance limite la portée de l'esprit en n'acceptant pas tout ce qui survient.

La méditation, en revanche, devrait refléter une mentalité de richesse, en ce sens que l'on utilise tout ce qui survient dans la condition de l'esprit. Si l'on donne à l'agitation suffisamment de place pour fonctionner au sein de l'espace, l'énergie cesse de s'agiter car elle peut fondamentalement se fier à elle-même. La méditation fournit un pâturage immense et riche à une vache agitée. Il se peut que la vache s'agite un moment dans sa grande prairie mais, tôt ou tard, à cause même de l'excès d'espace, l'agitation devient inadéquate.

Alors la vache se met à brouter, elle se repaît complètement, se détend et s'endort.

Il faut de l'attention pour reconnaître l'agitation et s'identifier avec elle, tandis que la conscience est nécessaire pour fournir une riche prairie, un grand espace à la vache agitée. Ainsi l'attention et la conscience sont-elles toujours complémentaires. L'attention est le processus consistant à établir une relation directe, précise et définie avec des situations individuelles. On communique, on se branche simplement sur des situations problématiques ou irritantes. Il y a l'ignorance, il y a l'agitation, il y a la passion, il y a l'agression. Elles n'ont besoin ni d'éloges ni de blâmes. On les considère simplement comme des conditions passagères. Ce sont des situations conditionnées, mais l'attention inconditionnée peut les voir avec acuité et précision. L'attention est comme un microscope. Celui-ci n'est pas une arme offensive ou défensive à l'égard des microbes qu'il permet d'observer. Il a simplement pour fonction de présenter clairement ce qui est là. L'attention n'exige aucune référence au passé ou à l'avenir; elle est pleinement dans l'instant présent. En même temps, c'est un esprit actif impliqué dans des perceptions dualistes, car dans les débuts il est nécessaire d'utiliser ce type de discrimination dans notre jugement.

La conscience consiste à voir la découverte de l'attention. Nous n'avons pas à rejeter ni à retenir les phénomènes de l'esprit. La précision de l'attention peut être laissée telle quelle parce qu'elle dispose de son propre environnement, de son propre espace. Nous n'avons pas à décider de la rejeter au loin ou de la conserver comme un trésor. Ainsi la conscience est-elle un pas de plus en direction de l'absence de choix dans les situations. Le mot sanscrit pour conscience est *smriti,* qui signifie « reconnaissance », « souvenir», non pas au sens de se rappeler le passé, mais au sens de reconnaître le produit de l'attention. L'attention fournit du terrain, de l'espace permettant de reconnaître l'agression, la passion, etc. Elle fournit le thème, les termes ou les mots, et la conscience est la grammaire qui les entoure et qui les localise correctement. Ayant fait l'expérience de la précision de l'attention, nous pourrions nous demander : « Que dois-je en faire? Que puis-je faire ensuite? » Et la conscience nous rassure : nous n'avons pas réellement à en faire quelque chose, mais nous pouvons la laisser à sa place naturelle. C'est comme lorsque nous découvrons une belle fleur dans la jungle; allons-nous la cueillir et l'emporter chez nous, ou la laisser là où elle est? La conscience nous dicte de laisser la fleur dans la jungle, qui est le milieu naturel où pousse cette plante. Ainsi la conscience est-elle la disposition à ne pas s'accrocher aux découvertes de l'attention, et l'attention n'est-elle que précision; les choses sont ce qu'elles sont. L'attention est l'avant-garde de la conscience. Nous apercevons avec précision une situation, puis, cette attention focalisée, nous la diffusons dans la conscience.

Ainsi l'attention et la conscience concourent-elles à amener l'acceptation des situations vitales telles qu'elles sont. Nous n'avons pas à considérer que la vie doive être boycottée ou qu'il faille au contraire s'y complaire. Les situations vitales sont la nourriture de l'attention et de la conscience; la pratique de la méditation n'est pas dissociable de l'expérience des dépressions et des émois qui caractérisent l'existence. Nous usons jusqu'à la corde la sandale du samsara en marchant dessus par la pratique de la méditation. La combinaison de l'attention et de la conscience entretient la poursuite du voyage; ainsi la pratique de la méditation, le développement spirituel dépendent-ils du samsara. D'un point de vue aérien, on pourrait dire que samsara et nirvana sont superflus et qu'il est inutile de faire le voyage. Mais dès lors que nous sommes sur terre, l'accomplissement de ce voyage s'avère d'une extraordinaire utilité.

Ennui

Nous devons utiliser le corps humain comme image en vue de décrire le développement de l'ego. Selon cette comparaison, le dualisme, la sensation, l'impulsion et les concepts fondamentaux, sont comme l'ossature du corps. Les émotions sont semblables aux muscles; quant au bavardage subconscient et à toutes les petites activités mentales, c'est le système circulatoire qui alimente et soutient les muscles. Pour avoir un corps fonctionnant complètement, il nous faut les trois : support osseux, système musculaire et système circulatoire.

Nous commençons la pratique de la méditation en opérant sur les pensées, la frange de l'ego. La pratique de la méditation consiste à dé-faire. En vue de disséquer et d'examiner le corps de l'ego, on commence par faire une petite entaille dans la peau, puis à couper les artères. Le praticien qui n'est pas attaché aux références commence par une telle opération. Les références sont comme une tumeur qu'il faut extraire. Votre maladie vous sert à essayer de prouver votre existence. « Je suis malade et je souffre, donc je suis réel. » L'opération consiste à éliminer l'idée que vous êtes une personne importante simplement parce que vous êtes malade. Bien sûr, vous pouvez susciter toutes sortes d'attentions si vous déclarez que vous êtes souffrant. Vous pouvez alors appeler famille et amis, leur dire que vous êtes malade, et ils viendront à votre secours.

Voilà une façon lamentable de prouver votre existence. C'est précisément ce que font les références. Elles prouvent que vous êtes malade et que vous méritez que vos amis vous prêtent attention. Une telle personne a besoin de subir une opération qui la débarrasse de sa maladie des références. Mais si on l'anesthésie, elle ne réalisera pas ce qu'il lui faut abandonner. Aussi ne recourra-t-on pas à l'anesthésie. Ce sera comme un accouchement naturel. La mère voit son enfant naître, sortir de son corps à elle, entrer dans le monde extérieur. Il devrait en être de même pour l'enfantement du bouddha-dharma sans références; on doit suivre l'ensemble du processus. On est conduit directement sur le billard. Alors le premier acte opératoire consiste en une petite incision dans la région malade, avec un scalpel extraordinairement coupant, l'épée de Manjushri, l'épée de la compassion et de la sagesse. Une simple petite entaille est faite, qui n'est pas aussi douloureuse qu'on ne l'attendait.

La méditation assise réalise cette incision dans votre artère. On vous a peut-être averti que la méditation assise est extrêmement ennuyeuse et difficile à accomplir. Mais vous ne trouvez pas cela tellement difficile. En fait, cela paraît très facile. Il s'agit simplement de vous asseoir. L'artère, qui est le bavardage subconscient dans votre esprit, est tranchée par le recours à certaines techniques concernant le travail sur la respiration, la marche, ou quoi que ce soit. C'est un acte très humble de votre part — simplement vous asseoir et pourfendre vos pensées, accueillir le va-et-vient de votre souffle, respirer naturellement, pas de façon spéciale, simplement vous asseoir et développer l'attention sur votre respiration. Il ne s'agit pas de vous concentrer sur la respiration. La concentration implique quelque chose à saisir, quelque chose à retenir. Vous êtes « ici », et vous essayez de vous concentrer sur quelque chose qui est « là ». Plutôt que la concentration, ce que nous pratiquons est l'attention. Nous observons ce qui se produit là, plutôt que de développer la concentration qui, elle, est orientée vers un but. Tout ce qui concerne un but implique un voyage d'un point à un autre. Dans la pratique de l'attention, il n'y a pas de voyage, pas de but; vous êtes simplement attentifs à ce qui se passe.

Il n'y a pas de promesse d'amour, de lumière ou de visions quelles qu'elles soient – ni anges ni démons. Rien ne se passe : c'est absolument ennuyeux. Parfois on se sent niais. On se pose fréquemment la question : « Qui se moque de qui? Suis-je sur quelque chose d'intéressant ou non? » Mais vous n'êtes sur rien, car pouvoir avancer sur le sentier, signifie tout abandonner, et non pas rester juché quelque part. Vous vous essayez et sentez votre souffle, vous faites corps avec lui. C'est alors que vous commencez à réaliser que l'opération chirurgicale sur l'artère n'a pas eu lieu lorsque vous êtes entré en contact avec la méditation, mais qu'elle se produit maintenant, lorsque vous en venez à ressentir l'ennui de la pratique – un ennui bien réel. « Je suis censé tirer quelque chose du bouddhisme et de la méditation. Je suis censé atteindre divers niveaux de réalisation. Ce n'est pas le cas. Je m'ennuie à mourir. » Même votre observateur intime ne sympathise pas avec vous, il commence à se moquer de vous. L'ennui est important parce qu'il anéantit toutes les références. Celles-ci nous divertissent, en nous apportant toujours des éléments nouveaux, vivants, fantastiques, toutes sortes de solutions. C'est lorsqu'on abandonne l'idée des références que l'on commence à s'ennuyer.

Lors d'une rencontre sur le cinéma, dans le Colorado, la question s'est posée à nous de savoir s'il valait mieux distraire les gens ou faire un bon film. Pour ma part, j'ai dit que peut-être le public s'ennuierait en voyant ce que nous avons à présenter, mais que nous devons élever son niveau d'intelligence jusqu'au niveau de ce que nous présentons, plutôt que d'essayer constamment de satisfaire son goût pour le divertissement. Une fois que l'on a commencé à essayer de satisfaire le désir de divertissement du public, on ne cesse plus de s'abaisser, jusqu'à ce que toute l'entreprise tombe dans l'absurdité. Si un réalisateur présente dignement ses propres idées, son œuvre sera peut-être mal accueillie dans les débuts, mais probablement bien reçue lorsque les gens commenceront à la comprendre. Son film pourrait contribuer à élever le niveau de sophistication du public.

De façon similaire, l'ennui est important dans la pratique de la méditation; il augmente la sophistication psychique des pratiquants. Ceux-ci se mettent à apprécier l'ennui, et ils en développent la sophistication jusqu'à ce que l'ennui devienne rafraîchissant comme un torrent de montagne. Cela n'arrête pas de couler, de façon méthodique et répétitive, mais c'est très frais. Les montagnes ne sont jamais fatiguées d'être des montagnes, ni les cascades d'être des cascades. Grâce à leur patience, nous commençons à les apprécier. Il y a là quelque chose. Ce n'est pas que je veuille donner de l'ensemble une vision particulièrement romantique. J'essaie de dresser un tableau assez noir, mais j'ai glissé quelque peu. C'est une bonne sensation que d'être assis longtemps et de s'ennuyer. Premier coup de gong, deuxième, troisième, et il y en a d'autres à venir. Assis, assis, assis. Inciser l'artère jusqu'à ce que l'ennui devienne extraordinairement puissant. Cela demande beaucoup de travail.

Nous ne pouvons encore étudier véritablement le vajrayana ou même le mahayana. Nous n'en sommes pas là parce que nous n'avons pas encore réellement établi de relation avec l'ennui. Pour commencer, il nous faut découvrir le hinayana. Si nous voulons nous libérer du matérialisme spirituel et du bouddha-dharma assorti de références, si nous sommes appelés à devenir le dharma sans références, l'introduction de l'ennui et de la répétition revêt une extrême importance. Sans cela, nous n'avons pas d'espoir. C'est vrai, pas d'espoir.

Il y a des styles définis d'ennui. Dans ses monastères, au Japon, la tradition zen a créé un style d'ennui bien défini. Lever, zazen, repas, zazen... On pratique zazen, puis la méditation en marche, puis encore zazen... Mais le message de l'ennui n'est pas correctement reçu par le novice occidental qui participe à la pratique japonaise traditionnelle dans son pays. Au contraire, l'ennui paraît étrange; aussi est-il transformé en une appréciation militante de la rigidité, ou en une appréciation esthétique de la simplicité. En fait, la pratique n'a pas été conçue de cette façon. Pour un Japonais, la pratique du Zen, c'est simplement la vie quotidienne japonaise liée à la pratique du zazen. Tous les jours on travaille, et tous les jours on s'assied pour méditer en zazen. Mais les Occidentaux apprécient les petits détails, comment on se sert du bol, comment on mange consciencieusement, assis en posture de zazen. Ce qui devrait produire une impression d'ennui devient œuvre d'art à leurs yeux. Nettoyer le bol, le laver, plier le napperon blanc et ainsi de suite, cela devient du théâtre vivant... Le coussin noir ne doit suggérer aucune couleur, mais l'ennui total. Cependant, pour les Occidentaux, il inspire une mentalité de noirceur militante, de droiture militante.

La tradition essaie de susciter l'ennui, aspect nécessaire de la voie étroite de la discipline, mais au lieu de cela, la pratique s'avère être un inventaire archéologique ou sociologique de choses intéressantes à faire. On a quelque chose à raconter à ses amis : « L'année dernière, j'ai passé six mois dans un monastère zen. J'ai vu le passage de l'automne à l'hiver et j'ai fait mon zazen, dans une harmonie merveilleuse. J'ai appris à m'asseoir, et même à marcher et à manger. Cela a été une expérience merveilleuse, et je ne me suis pas ennuyé le moins du monde. »

On dit aux amis : « Allez-y, c'est fantastique », et on se forge ainsi une nouvelle référence. L'effort en vue de détruire les références en crée une nouvelle. En ce qui concerne la destruction du jeu de l'ego, le premier point consiste à s'astreindre à la stricte discipline de la pratique de la méditation assise. Ni spéculation intellectuelle ni philosophie. Simplement s'asseoir et pratiquer. Telle est la première stratégie en vue de développer le bouddha-dharma sans références.

La voie du Bouddha

L'ennui a de nombreux visages : il y a l'impression que rien ne se passe, que quelque chose pourrait se produire, ou même que ce quelque chose, que l'on aimerait bien voir survenir, pourrait remplacer ce qui ne se passe pas. Ou bien on peut faire ses délices de l'ennui, et décrire la pratique de la méditation sous les espèces d'un ennui frais, rafraîchissant comme un torrent de montagne. C'est rafraîchissant parce que l'on n'a rien à faire ni à attendre. Mais il faut recourir à quelque discipline si l'on veut dépasser l'attitude frivole consistant à vouloir remplacer l'ennui. Voilà pourquoi la pratique de la méditation implique un travail sur la respiration. Un tel travail est extrêmement monotone et peu spectaculaire — on ne ressent pas l'ouverture du troisième œil ou le déploiement des *chakras*. C'est comme une statue en pierre du Bouddha en plein désert. Rien, absolument rien, ne se passe.

Alors que l'on réalise que rien ne se passe, étrangement, on commence à réaliser que quelque chose de digne est en train de se produire. Il n'y a plus de place pour la frivolité ou la précipitation. Simplement, on respire et on est là. Il y a là quelque chose de très satisfaisant et très salubre. Comme dans la situation de celui qui vient de faire un bon repas et s'en trouve repu, comparée à celle de celui qui essaie de manger pour se rassasier. C'est une approche très simple de la santé.

On sait que le Bouddha se soumit à de nombreuses pratiques traditionnelles hindouistes de méditation. Il se plongea dans le feu. Il communiqua avec l'énergie du tantra en visualisant toutes sortes de choses. Il vit une lumière neurologique en pressant ses globes oculaires, et entendit un son soi-disant yogique en pressant ses oreilles. Il fit lui-même toutes ces expériences, et réalisa que de tels phénomènes sont des artifices plutôt qu'une méditation ou un vrai *samadhi*. Peut-être le Bouddha était-il un yogin bête et sans imagination. Pourtant nous suivons sa bêtise, son exemple d'être complètement illuminé, *samyaksambouddha*.

Lorsque le Bouddha évolua dans son approche de la pratique de la méditation, il réalisa que les artifices sont simplement des affectations névrotiques. Il décida alors de trouver ce qui est simple, ce qui est vraiment là, de découvrir la relation existant entre l'esprit et le corps, sa relation au coussin d'herbe kusha sur lequel il était assis et l'arbre *bodhi* au-dessus de sa tête... Il observa ses relations avec toute chose de façon très simple et directe. Ce n'était pas spécialement excitant — il n'y avait aucun éclair particulier — mais c'était rassurant. A l'aube de son illumination, quelqu'un demanda au Bouddha : « Quelles sont vos références? Comment pouvons-nous savoir que vous êtes illuminé? » De sa main, il toucha le sol : « Cette terre solide, cette terre saine, est mon témoin. » Sain, solide et précis, sans fantaisie, corruption ni émotion, sans frivolité, mais étant fondamentalement ce qui est : tel est l'état éveillé. Et tel est l'exemple que nous suivons dans notre pratique de la méditation.

En ce qui concernait le Bouddha, ce n'était pas tant le message que ses implications qui était important. En tant que nous marchons sur les traces de Bouddha, nous avons la même approche, qui est l'idéal de *vipashyana,* signifiant littéralement « vue pénétrante ». La vue pénétrante n'entretient pas seulement une relation avec ce qui est vu, mais également avec les implications de cette vision, la totalité des objets et de l'espace alentour. La respiration est l'objet de la méditation,

mais l'environnement fait aussi partie de la situation méditative.

Alors le Bouddha mit en mouvement la roue du dharma,
exposant les quatre nobles vérités : la souffrance, l'origine de
la souffrance, le but et le sentier. Ce qui l'inspirait était cette
découverte : il existe un espace formidable dans lequel se produit l'inspiration universelle. Il y a la souffrance, mais il y a
aussi l'environnement de l'origine de la souffrance. L'ensemble
devient quelque chose d'ouvert, en expansion. Après tout,
il n'était pas un si mauvais apprenti yogin. Peut-être n'excel-
lait-il pas en *hatha-yoga,* mais il voyait l'environnement
autour du hatha-yoga et du *pranayama.*

Le Bouddha démontrait spontanément sa santé fondamentale. Il ne prêchait ni n'enseignait de sa façon ordinaire,
mais plutôt, alors même qu'il se livrait, l'énergie de la compassion et les ressources infinies de la générosité se développaient
en lui, et les gens commençaient à s'en rendre compte. Ce
type d'activité du Bouddha est la pratique vipashyana que
nous tâchons d'accomplir. On réalise que l'espace contient
la matière, que la matière ne demande rien à l'espace, ni l'espace à la matière. C'est une situation réciproque et ouverte.
Tout est fondé sur la compassion et l'ouverture. La compassion n'est pas une émotion particulière, au sens où vous souf-
fririez de la souffrance des autres, et où vous devriez les aider
parce que vous seriez meilleur qu'eux. La compassion est la
totale ouverture dans laquelle le Bouddha n'avait ni terrain
ni territoire. Il était un grain de sable dans l'immense désert.
Et, par son insignifiance même, il devint l'éveillé de l'univers
dès lors qu'il eut cessé de livrer bataille. Il enseignait un dharma dépourvu de passion, dénué d'agression. Alors que la passion se saisit d'un territoire et s'y cramponne.

Ainsi, si nous suivons la voie du Bouddha, notre pratique
de la méditation est dépourvue de passion et dénuée d'agression. Elle opère sur la possessivité de l'agression : « C'est mon

cinéma spirituel, et je ne veux pas que vous vous en mêliez. Sortez de mon territoire! » La spiritualité, ou la perspective vipashyana, est une situation panoramique dans laquelle on peut aller et venir librement, en entretenant une relation ouverte avec le monde. C'est l'ultime non-violence.

4

Travailler avec les émotions

La barrière dualiste

Comme nous l'avons vu, l'ennui joue un rôle très important dans la pratique de la méditation assise; il n'y a pas d'autre moyen d'atteindre les profondeurs de la pratique de la méditation.

Mais, en même temps, il nous faut examiner d'un peu plus près ce désir de références. Même l'expérience de l'ennui, la relation avec l'ennui, pourrait devenir un nouveau jeu, une autre façon de se conforter, de se sécuriser dans la pratique de la méditation. Il faut travailler sur autre chose que la seule expérience de l'ennui : sur les situations de la vie quotidienne qui impliquent l'amour, la haine, la dépression et ainsi de suite, les émotions subtiles mais fondamentales.

Même si l'on est capable d'accomplir sans heurts la pratique vipashyana de relation avec la respiration, cela ne dispense pas de prendre en compte cette vaste zone de troubles inattendus en puissance. Par exemple, à l'issue d'une séance idéale de méditation au cours de laquelle vous avez fait l'expérience de l'ennui, vous décidez d'appeler un ami, vous réalisez alors que le téléphone a été coupé parce que la note est restée impayée. Vous vous mettez en colère : « Mais ce n'est pas ma faute, ma femme a égaré la note », ou « Ils n'ont pas le droit de faire ça! », et ainsi de suite.

De petits incidents de ce genre se produisent sans cesse. En rencontrant de telles situations, nous commençons à réaliser que notre pratique est orientée vers des références et que nous croyons à une sorte d'harmonie fondamentale. Les problèmes de la vie quotidienne sont un moyen de détruire nos références, notre confort et notre sécurité, et ils nous offrent une occasion d'entrer en relation avec nos émotions.

Bien que nous puissions être capables de discerner la simplicité du processus mental discursif, il n'en reste pas moins qu'il y a des émotions très fortes dont le travail présente des difficultés et des défis énormes. Dans le travail sur les émotions, nous ne rencontrons pas seulement le cinquième skandha, la conscience, mais également le quatrième, le concept, l'intellect. Les émotions sont composées d'énergie, comparable à de l'eau, et d'un processus mental dualiste, comparable à une pigmentation ou à une teinture. Le mélange d'énergie et de pensée produit les émotions vivantes et colorées. Le concept fournit à l'énergie un emplacement particulier, un caractère relationnel qui donnent vie et force aux émotions. Si les émotions sont inconfortables, douloureuses, frustrantes, c'est fondamentalement parce que nous n'entretenons pas avec elles une relation très claire.

La structure de l'ego est devenue tellement efficace, au niveau du cinquième skandha, qu'il y a complot entre l'administration de l'ego et l'ignorance centrale elle-même. C'est comme si le ministre du roi était devenu plus puissant que le roi lui-même. Là se situe le point où les émotions sont ressenties douloureusement, parce que l'on ne sait plus très bien ce qu'il en est de nos relations avec elles. D'où ce formidable conflit, cette impression que nos émotions nous submergent, et que nous perdons notre identité fondamentale, notre centre de commande.

La douleur de l'émotion provient donc de ce conflit, et la relation est toujours ambivalente. Mais quand quelqu'un est vraiment capable d'entretenir une pleine et profonde relation avec les émotions, celles-ci cessent désormais d'être un problème extérieur. Vous devenez capable de les approcher de très près, et la guerre entre vos émotions et vous-même — vous et vos projections, vous et le monde du dehors — devient transparente. Cela implique la disparition des barrières dualistes mises en place par les concepts, ce qui est l'expérience de shunyata, l'absence de concepts dualistes, le vide.

A vrai dire, nous ne voyons pas complètement les choses telles qu'elles sont. En général, nous percevons quelque chose, puis nous regardons. Dans ce cas, le regard consiste dans l'acte de nommer et d'associer. Mais voir les choses signifie les accepter telles qu'elles sont, tandis que le regard est un effort superflu pour vous assurer de votre sécurité personnelle, pour vérifier que rien ne va embrouiller votre relation avec le monde. Aussi créons-nous cette sécurité en catégorisant les choses, en les nommant, en employant des termes relatifs pour identifier leurs relations, la façon dont elles s'agencent. Et cette sécurité fournit un bonheur et une assurance temporaires.

Il y a beaucoup de puérilité dans une si grossière recherche de repères projectifs, et le jeu doit être sans cesse répété. On n'essaie pas le moins du monde de traiter les projections comme des situations excitantes et fluides; le monde est au contraire vu comme absolument solide et rigide. Tout est mouvement gelé, espace solidifié. Le monde est à nos yeux un décor très dur, métallique ou plastique. Nous voyons les couleurs telles qu'elles sont et, pourtant, elles nous apparaissent en quelque sorte comme des couleurs plastiques, et non pas comme les couleurs de l'arc-en-ciel. Cette qualité solide est précisément la barrière dualiste dont nous parlions. Cela ne veut pas dire qu'il ne faille pas sentir la texture solide d'une pierre ou d'une brique. La solidité physique n'a rien à voir

avec la solidité psychique. Nous nous occupons ici de la solidité mentale — la dureté, une qualité métallique. En fait, il
est extrêmement intéressant de remarquer que nous ne voyons
que notre propre version solide du monde. Aussi la perception
est-elle très individualisée, centrée sur la conscience de soi.

Il est impossible de faire l'expérience immédiate de shunyata
— c'est-à-dire de l'absence de concept, de la disparition des
barrières dualistes. Il nous faut commencer par une pratique
simple, et nous percevons peu à peu la transparence des
pensées et des émotions. Ensuite, il nous faut aller au-delà
de la situation relationnelle de la transparence, de la sensation que c'est « nous » qui percevons la transparence des pensées et des émotions. En d'autres termes, le processus mental
et les émotions sont transparents et ils prennent place au
milieu de nulle part, dans l'espace. Cette qualité spacieuse,
où tout opère et se passe dans l'espace, est celle des moyens
habiles, du travail avec les situations quotidiennes. En fait,
la créativité, l'aspect positif des émotions et des situations
existentielles ne peuvent être vus qu'à travers l'expérience de
l'espace plutôt que du résultat. Si la relation d'une personne
à l'espace est correctement développée, correctement perçue,
il n'y a plus la moindre hésitation.

Il s'agit ici de devenir *un* avec les émotions. Une telle
approche contraste avec les attitudes habituelles de refoulement ou d'extériorisation. Il est extrêmement dangereux de
tenter de refouler les émotions, sous le coup de la terreur et
de la honte; cela signifie que l'on n'entretient pas avec elles
une relation réellement ouverte. Tôt ou tard, elles surgiront
et ce sera l'explosion.

Il existe une autre possibilité. Si l'on ne refoule pas les
émotions, on s'expose en sortant de sa coquille à être emporté
par elles. Cette attitude trouve également son origine dans
une espèce de panique, dans une relation confuse avec les
émotions; vous ne vous êtes pas correctement réconcilié

avec vos émotions. C'est une autre façon de fuir l'émotion réelle, une autre fausse détente. La conscience et la matière sont confondues, on suppose que la pratique physique des émotions, leur réelle mise en œuvre, soulagera l'irritation qu'elles causent. Or elles en sortent généralement renforcées, encore plus puissantes. La relation entre la conscience et les émotions n'est pas ici très claire.

La manière intelligente de travailler sur les émotions consiste à essayer de communiquer avec leur substance fondamentale, leur qualité abstraite, pour ainsi dire. La qualité fondamentale des émotions, leur nature primordiale est simplement l'énergie. Lorsqu'une personne veut communiquer avec l'énergie, les formes que prend celle-ci n'entrent pas en conflit avec elle, mais deviennent un processus naturel. Aussi bien le refoulement que le défoulement deviennent inadéquats lorsqu'on est complètement à même de voir la caractéristique fondamentale des émotions qui est shunyata. Le mur entre vous et vos projections, l'aspect hystérique et paranoïaque de votre relation à vos projections, vous l'avez démoli, ou plus exactement vous voyez au travers. Lorsque aucune panique n'intervient dans la relation avec les émotions, vous pouvez les aborder correctement, vous êtes alors semblable à un homme habile dans son métier qui ne panique pas, mais fait simplement son travail à fond.

Nous avons examiné comment œuvrer sur la conscience, dernière étape du développement de l'ego, ainsi que sur l'étape précédente du concept. Lorsque nous parlons de les « aborder », il n'est pas question de les éliminer complètement, mais de les voir réellement, et de transformer leurs qualités confuses en transcendance. On continue d'utiliser les énergies de la pensée, des émotions et du concept. En général, lorsque la notion d'ego est exposée, la réaction immédiate du public est de le considérer comme un vilain, un ennemi. On croit que l'on doit détruire cet ego, ce moi, ce qui est une approche masochiste ou suicidaire. Les gens ont tendance à penser ainsi car, ordinairement, lorsqu'il est question de spiritualité, on croit qu'il s'agit de combattre le mal; je suis bon, la spiritualité est le bien ultime, le bien suprême, et l'autre côté est mauvais. Mais loin d'être une bataille, la véritable spiritualité est la pratique ultime de la non-violence. Sans considérer aucun élément de nous-mêmes comme vile ou hostile, nous tâchons de tout utiliser comme partie du processus naturel de la vie. Dès que se développe une notion de polarité entre le bien et le mal, nous sommes pris dans le matérialisme spirituel, qui œuvre de façon simpliste en vue du bonheur, sur la voie de la réalisation de l'ego. Aussi le mur dualiste n'est-il pas quelque chose qu'il faille détruire, éliminer ou exorciser. Mais la vision des émotions telles qu'elles sont nous offre le matériau d'un travail créateur. Il devient très clair que la notion de samsara dépend de la notion de *nirvana* et vice versa; la notion de samsara et la notion de nirvana sont interdépendantes. S'il n'y avait pas de confusion, la sagesse n'existerait pas.

Le rugissement du lion

Le « rugissement du lion » est la proclamation intrépide de la possibilité d'un travail sur tous les états d'esprit — y compris les émotions — qui sont un rappel dans la pratique de la méditation. On réalise que les situations chaotiques ne doivent pas être rejetées, et qu'il ne faut pas non plus les considérer comme des régressions ou des retours à la confusion. Nous devons respecter tous les états de notre conscience. Le chaos devrait être considéré comme une excellente nouvelle.

Il y a plusieurs étapes dans la relation avec les émotions, il faut les voir, les entendre, les flairer, les toucher et les transmuter. Dans le cas de voir les émotions, nous avons globalement conscience de l'espace et du développement propres aux émotions. Nous acceptons ces dernières comme faisant partie intégrante de la structure de l'esprit, sans question, sans référence aux écritures, nous reconnaissons directement qu'elles sont ainsi, que ces phénomènes se produisent. Les entendre implique l'expérience de la pulsation de ces énergies, de ce flux énergétique lorsqu'il jaillit vers nous. L'odorat apprécie le fait que l'énergie soit traitable d'une façon ou d'une autre, de même que l'odeur d'un bon repas devient un apéritif, en aiguisant votre appétit avant même que vous mangiez. Cela sent bon, c'est délicieux, et avant le moindre contact, on a déjà l'eau à la bouche. Le toucher permet d'en venir aux faits, de communiquer avec vos émotions, et de vous rendre compte qu'elles ne sont pas particulièrement destructrices ou folles, mais bien plutôt un jaillissement d'énergie, quelle que soit la forme qu'elles prennent — agressive, passive ou possessive. Dans la transmutation, il ne s'agit pas de rejeter les qualités fondamentales des émotions. Mais plutôt, comme dans la pratique alchimique de transmutation du plomb en or, sans rejeter les qualités fondamentales du matériau, on en modifie quelque peu les apparences et la substance. On fait donc l'expérience du jaillissement des émotions, mais on n'en travaille pas moins sur celles-ci, on devient un avec elles. Le problème habituel est que, lorsque surgissent les émotions, nous nous sentons menacés par elles, nous craignons qu'elles ne submergent notre existence propre ou qu'elles ne défassent les références de notre existence. En effet, lorsque nous incarnons la haine ou la passion, nous n'avons plus aucune référence personnelle. Voilà pourquoi, en général, nous réagissons contre les émotions : elles pourraient nous vaincre, nous le sentons, nous risquons de craquer, de perdre la tête. Nous avons peur que l'ampleur de l'agression et de la dépression devienne tellement énorme que nous perdions notre

capacité de fonctionner normalement — que nous oubliions
comment nous brosser les dents, comment composer un
numéro de téléphone.

On a peur d'un trop-plein d'émotion, on craint d'y succom-
ber et de perdre sa dignité, son rôle d'être humain. La transmutation implique la traversée d'une telle peur. Laissez-vous
aller à l'émotion, traversez-la, abandonnez-vous à elle, expé-
rimentez-la. Vous commencez à aller vers l'émotion plutôt
que de faire simplement l'expérience de sa venue vers vous. Une
relation, une danse, s'ébauche. Alors les énergies même les
plus puissantes deviennent absolument traitables au lieu de
l'emporter sur nous car il n'y a rien à emporter si nous n'op-
posons aucune résistance. Le défaut de résistance nous procure
une sensation de rythme. La musique et la danse prennent
place en même temps. C'est le rugissement du lion. Tout ce
qui survient dans la conscience samsarique est considéré
comme le sentier : tout est traitable. C'est une proclamation
intrépide, le rugissement du lion. Tant que nous rapiéçons la
couverture pour cacher ce que nous considérons comme des
situations intraitables — avec des pièces métaphysiques,
philosophiques, religieuses —, notre action n'est pas le
rugissement du lion. C'est le cri d'un lâche — très pathé-
tique.

En général, lorsque nous sentons quelque chose d'intrai-
table, nous cherchons automatiquement autour de nous de
quoi cacher notre insuffisance. Notre souci est de sauver la
face, d'éviter l'embarras, le défi des émotions. Combien de
raccommodages nous faudra-t-il pour sortir de cette situation?
Nous allons peut-être nous ensevelir sous des millions de
pièces et de morceaux. Si la première pièce est trop délicate,
alors la deuxième sera plus forte et, au bout du compte, nous
finissons par créer une armure. Mais, alors, nous rencontrons
des problèmes. Les jointures de l'armure grincent, et il y a
des interstices dans l'armure, précisément à l'endroit des

jointures; colmater les jointures, cela nous pose un problème parce que nous voulons encore bouger, danser, mais sans grincer. Les jointures nous sont nécessaires pour bouger. Donc, à moins d'être complètement momifié, ce qui est la mort, la cadavérisation, il est possible de se protéger complètement. Il n'est pas pratique pour un être humain vivant de se transformer en marqueterie.

Aussi, de ce point de vue, le bouddha-dharma sans références est-il identique au rugissement du lion. Nous n'avons plus besoin de pièces à raccommoder. Nous pouvons transmuter la substance des émotions, ce qui est un acte de grande puissance. L'art indien de l'époque du règne d'Asoka représente le rugissement du lion sous la forme de quatre lions regardant dans les quatre directions, symbolisant de cette façon l'idée de l'absence de dos. Chaque direction est en face, ce qui symbolise la conscience omnipénétrante. L'intrépidité couvre toute la largeur de l'horizon. Une fois que l'on commence à irradier l'intrépidité, celle-ci est omnipénétrante, elle rayonne dans toutes les directions. Dans l'iconographie traditionnelle, certains Bouddhas sont représentés porteurs de millions de visages, regardant en toutes directions — telle est la conscience panoramique. Comme ils regardent en tous lieux, il n'y a rien à défendre.

Le rugissement du lion est intrépide dans le sens que toute situation existentielle est œuvrable. Il n'y a rien qui soit rejeté comme mauvais ni saisi comme bon. Au contraire, toute expérience qui surgit dans nos situations existentielles, toute sorte d'émotion est œuvrable. Nous voyons très clairement qu'il est inutile d'essayer d'appliquer le point de repère de nos références. Nous devons travailler pour entrer complètement et parfaitement dans la situation. Si nous nous intéressons vraiment à l'acte de manger, si nous avons vraiment faim, il n'y a pas de temps pour lire la carte car nous voulons manger. Nous voulons vraiment communiquer avec la nourriture. Alors on laisse tomber la carte. C'est un intérêt immédiat, une relation directe.

Ce qui caractérise fondamentalement le rugissement du lion est ceci : si nous sommes capables de traiter directement les émotions, il n'est plus besoin d'aide extérieure ou d'explications. La situation se soutient d'elle-même. Toute aide extérieure devient références. Ainsi se développe l'aide auto-existante. Il n'y a plus à éviter le problème des références parce qu'il n'y a plus de place pour la spéculation ou la rationalisation. Tout devient évident et immédiat, œuvrable. On n'a plus ni l'occasion, ni le temps, ni l'espace de se demander comment devenir un charlatan ou comment duper les autres, tellement la situation est immédiate. L'idée même de charlatanisme n'apparaît aucunement parce qu'il n'y a pas de place pour l'idée d'un jeu.

Travailler avec la négativité

Nous faisons tous l'expérience de la négativité — de l'agression fondamentale consistant à désirer que les choses soient différentes de ce qu'elles sont. Nous nous accrochons, nous nous défendons, nous attaquons et nous nous sentons misérables d'un bout à l'autre; aussi rendons-nous le monde responsable de nos souffrances. Telle est la négativité. Nous en faisons l'expérience comme d'une chose terriblement déplaisante, une chose fétide de laquelle nous voudrions nous débarrasser. Mais si nous la regardons de plus près, elle a une odeur très succulente, elle est très vivante. En soi, la négativité n'est pas déplaisante; vivante et précise, elle est branchée sur la réalité.

Certes, elle nourrit la tension, la friction, le bavardage, et le mécontentement, mais elle est également très aiguë, délibérée et profonde. Malheureusement, les interprétations pesantes et les lourds jugements dont nous recouvrons les expériences de la négativité en obscurcissent la réalité. De telles interprétations, de tels jugements sont de la négativité négative; nous nous observons dans l'exercice de la négativité, puis nous décidons que celle-ci s'applique à juste titre. La négativité nous paraît sympathique, nous semble pourvue de toutes sortes d'excellentes qualités, aussi lui flattons-nous l'échine, la gardons-nous et la justifions-nous ou, si les autres nous blâment ou nous attaquent, nous interprétons leur négativité comme bonne pour nous. Dans tous les cas, l'observateur, en commentant, interprétant et jugeant, camoufle et endurcit la négativité fondamentale.

La négativité négative concerne les philosophies et les critères qui nous servent à justifier la fuite de notre propre souffrance. Nous aimerions prétendre que ces aspects « mauvais » et « malodorants » de nous-mêmes et de notre monde ne sont pas réellement là, ou qu'ils ne doivent pas être là, ou même qu'ils *doivent* être là. Ainsi la négativité négative est-elle généralement engagée dans l'autojustification, elle se soutient elle-même. Elle ne laisse rien entamer sa coquille protectrice — façon pharisaïque d'essayer de faire comme si les choses étaient ce que nous aimerions qu'elles fussent au lieu d'être ce qu'elles sont.

Ce type d'intelligence, secondaire et commentatrice, qui caractérise la double négativité est aussi méfiant et peureux que frivole et émotif. Il inhibe l'identification avec l'énergie et l'intelligence de la négativité fondamentale. Oublions donc de toujours nous justifier, d'essayer de nous prouver combien nous sommes bons.

L'honnêteté et la simplicité fondamentales de la négativité peuvent être créatrices dans les relations communautaires ou personnelles. La négativité fondamentale, aiguë et acérée, agit comme un révélateur. Si nous la laissons être ce qu'elle est, plutôt que de la recouvrir de conceptualisations, nous voyons la nature de son intelligence. Lorsque nous laissons les énergies telles qu'elles sont, avec leurs qualités naturelles, vivantes plutôt que conceptualisées, elles renforcent notre existence quotidienne.

La négativité conceptualisée, la négativité négative doit être pourfendue. Elle mérite d'être assassinée immédiatement par une seule attaque acérée de l'intelligence fondamentale — *prajnaparamita*. Telle est la fonction de *prajna* : pourfendre l'intelligence lorsqu'elle se transforme en spéculation intellectuelle, ou lorsqu'elle se fonde sur quelque croyance. Les croyances sont renforcées à l'infini par d'autres croyances et dogmes, qu'il s'agisse de théologie ou de morale, de la vie pratique ou des affaires. Ce type d'intelligence doit être tué sur-le-champ, sans pitié. C'est ici que la compassion ne doit pas être apitoiement stupide. Cette énergie intellectuelle doit être supprimée, anéantie, écrasée, réduite en poussière sur-le-champ et d'un seul coup. En fait, ce coup unique porté par l'intelligence fondamentale réalise l'exercice de la compassion directe. Une telle action ne trouve son origine ni dans les efforts d'intellectualisation ni dans les tentatives d'autojustification : elle provient d'une simple conclusion de l'intelligence fondamentale, fondée sur une perception de la texture de la situation.

Par exemple, si nous marchons sur la neige ou la glace, nous en ressentons la texture à l'instant même où notre pas s'y porte. Nous savons tout de suite si nos pieds vont avoir prise. C'est de cette sensation de la richesse de la texture que nous parlons. S'il s'agit de négativité négative, il existe certains moyens pour l'écraser ou l'assassiner. L'énergie pour cela provient en quelque sorte de la négativité fondamentale elle-même, plutôt que d'une technique spéciale ou d'un don

particulier pour l'assassinat. Il y a un temps pour la philosophie et la douceur, mais dans le traitement de ces situations
frivoles, il y a aussi un temps pour « l'absence de compassion » et la dureté.

La frivolité concerne les actions mentales et physiques
superflues auxquelles nous nous maintenons occupés pour
ne pas voir ce qui se produit réellement dans une situation
donnée. Chaque manifestation d'une situation de frivolité
émotive, et des concepts qui en émanent, devrait être complètement anéantie d'un seul coup — c'est-à-dire par la vision
directe de ce qui n'est ni juste ni complet. Voilà ce que l'on
appelle l'épée de Manjushri, qui tranche d'un coup la racine
de la conceptualisation dualiste. Il importe ici de se montrer
illogique et « sans compassion ». Car il s'agit simplement
d'écraser la frivolité, le refus apparemment rationnel de voir
les choses telles qu'elles sont réellement. La frivolité n'a pas
vraiment l'occasion de connaître le terrain à fond. Elle se
préoccupe de réagir à l'assaut de nos propres projections qui
rebondissent sur nous. La spontanéité véritable perçoit la
texture de la situation parce qu'elle est moins engagée dans
la conscience de soi, dans la tentative de sécurisation au
sein d'une situation donnée.

Il est évident que, si l'on détruit véritablement la frivolité,
on en souffrira, puisque les occupations frivoles exercent sur
nous une certaine attraction. En anéantissant la frivolité, on
supprime du même coup l'occupation. Et l'on sent alors que
l'on n'a plus rien à quoi s'accrocher, ce qui est à la fois
effrayant et douloureux. Que reste-t-il à faire lorsqu'on a tout
éteint? Il n'est pas question de vivre sur notre héroïsme, de
nous nourrir de quelque achèvement, mais bien de danser,
simplement, en accord avec le flux continuel d'énergie libérée
par cette destruction.

La tradition tantrique du bouddhisme distingue quatre
types d'action ou *karma-yogas*. La première est la « pacifica-

tion » d'une situation qui n'est pas juste. La pacification consiste à essayer très doucement de sentir le terrain. Vous ressentez la situation de plus en plus profondément, sans la pacifier superficiellement, mais en exprimant le tout, en sentant sa totalité. Puis vous étendez partout votre qualité succulente, digne et riche. C'est l'« enrichissement », le second karma. Si cela ne suffit pas, on passe à la « magnétisation », le troisième karma. On rassemble les éléments de la situation. Après les avoir ressentis par la pacification et l'enrichissement, on les rassemble. Et, si même cela ne suffit pas, alors il y a la « destruction », ou extinction, le quatrième karma.

Ces quatre karmas permettent de traiter de façon adéquate la négativité et les soi-disant problèmes. D'abord pacifier, puis enrichir, ensuite magnétiser et, si cela ne suffit pas, finalement éteindre, tout détruire. La dernière opération ne s'impose que lorsque la négativité négative utilise une forte pseudo-logique ou une rigoureuse conceptualisation pseudo-philosophique. Elle est nécessaire lorsqu'on a recours à une notion qui, comme les pelures d'un oignon, en implique toute une série d'autres ou lorsque l'on se sert de la logique et des autojustifications pour alourdir et solidifier considérablement la situation. Nous percevons cette lourdeur mais, simultanément, nous jouons avec nous-mêmes, croyant apprécier la lourdeur de cette logique, croyant avoir besoin de nous occuper. Lorsque l'on commence à jouer ce type de jeux, il n'y a plus de place. Dehors! Il est dit dans la tradition tantrique que, si l'on ne détruit pas lorsque c'est nécessaire, on brise le vœu de compassion qui nous engage à détruire réellement la frivolité. Marcher sur le sentier ne signifie pas nécessairement seulement essayer d'être bon et de n'offenser personne; cela ne signifie pas que, si quelqu'un bouche le chemin, il faille essayer d'être poli et dire « s'il vous plaît » et « merci ». Cela ne sert à rien, ce n'est pas la question. Si quelqu'un s'interpose brutalement sur notre chemin, nous le repoussons, tout simplement, parce que son intrusion était frivole. Le sentier du dharma n'est pas du tout un sentier bon, sain, passif et « compatissant ». C'est un chemin sur lequel on ne doit pas avancer à l'aveuglette. S'il en est ainsi, dehors! L'intrus sera réveillé par son exclusion.

Aux niveaux très avancés de la pratique, il nous est possible de traverser la négativité négative et de la transformer en négativité originale, de telle sorte que nous disposons d'une énergie négative extrêmement puissante, qui est pure et non consciente de soi. C'est-à-dire qu'une fois que l'on a complètement défait cette négativité négative, l'opération ayant été accomplie sans anesthésie, on invite à nouveau la négativité à des fins énergétiques. Mais cela peut être délicat.

Si la pure énergie de la négativité implique une forme de terrain, celui-ci est toujours considéré comme la propriété de l'énergie secondaire, logique, de la négativité négative. La raison en est notre désir fasciné de revivre la négativité fondamentale, avec le confort et les occupations que cela implique. Aussi ne doit-on pas du tout revivre les occupations; celles-ci doivent être complètement balayées. Alors, l'énergie qui détruit la répétition de l'occupation s'avère être l'énergie logique transmutée en folle sagesse. Les notions conceptuelles ont disparu, il n'en reste qu'un jaillissement sauvage d'énergie. Les concepts ont été défaits de telle sorte que nous ne considérons plus la lumière et l'obscurité comme lumière et obscurité; cela réalise la condition non dualiste.

La négativité devient alors simplement une nourriture, de la force à l'état pur. Elle ne nous apparaît plus ni bonne ni mauvaise, mais nous utilisons continuellement l'énergie qui en provient, telle une source de vie, de telle sorte qu'aucune situation ne peut jamais nous prendre en défaut. La folle sagesse ne peut être prise en défaut. Elle se nourrit également de la louange et du blâme. En ce qui la concerne, louange et blâme s'équivalent parce qu'il en provient toujours quelque énergie... Voilà une notion passablement terrifiante.

La folle sagesse pourrait devenir satanique mais, en quelque façon, elle ne le fait pas. Ceux qui la craignent se détruisent eux-mêmes. L'énergie destructrice qu'ils lancent vers elle rebondit sur eux, car la folle sagesse n'entretient nulle notion de bien ou de mal, de création ou de destruction. La folle sagesse ne peut exister sans communication, sans situation sur laquelle travailler : elle détruit ce qui appelle la destruction et protège ce qui appelle la protection. L'hostilité se détruit elle-même et l'ouverture s'ouvre elle-même. Cela dépend de la situation. Certains tireront des leçons de la destruction, d'autres, de la création. C'est ce que symbolisent les divinités courroucées et paisibles, les *mahakalas* et les bouddhas.

Les quatre bras du mahakala (dans la *thangka* qui suit) représentent les quatre karmas. La structure d'ensemble de l'image est basée sur l'énergie et la complète compassion dépourvue de pitié idiote. Dans cette thangka particulière, le bras gauche représente la pacification. Il tient une calotte crânienne remplie d'*amrita,* le nectar divin, qui est un moyen de pacification. Un autre bras manie un hachoir recourbé qui symbolise l'enrichissement, l'extension de notre influence sur autrui, la perception de la texture et de la richesse du terrain. Le hachoir est également considéré comme le sceptre des dieux. Le troisième bras, sur la droite, brandit une épée qui est l'instrument permettant de rassembler les énergies. L'épée n'a même pas besoin de frapper, il suffit qu'elle soit brandie pour que les énergies se rassemblent. Le quatrième bras agite un trident qui symbolise la destruction. En un seul coup de trident, on inflige trois entailles, on détruit définitivement et simultanément l'ignorance, la passion et l'agression.

Le mahakala est assis sur des cadavres de démons, ce qui représente la paralysie de l'ego. C'est là un point très intéres-

Mahakala aux quatre bras. On en trouvera la description page 100.

sant lié à nos observations précédentes. Il ne convient pas de se précipiter impulsivement dans une situation. Laissez-la venir à vous, puis observez-la, mâchez-la correctement, digérez-la, asseyez-vous dessus. La précipitation est malsaine, impulsive et frivole plutôt que spontanée.

La spontanéité voit les situations telles qu'elles sont. Voyez-vous, il existe une différence entre spontanéité et frivolité, une ligne ténue les sépare. A chaque fois qu'une impulsion vous pousse à faire quelque chose, vous ne devez pas simplement le faire; il vous faut travailler avec l'impulsion. En travaillant avec elle, vous n'agissez plus de façon frivole; vous désirez voir réellement l'impulsion et la goûter correctement, sans frivolité. La frivolité est un réflexe. Vous lancez un geste et, quand il rebondit sur vous, vous réagissez. La spontanéité consiste à observer ce qui se produit lorsque nous lançons un geste quelconque, et à travailler l'énergie lorsqu'elle rejaillit sur nous. La frivolité implique trop d'inquiétude. Une fois l'émotion déclenchée, notre action se teinte de trop d'anxiété. Tandis que lorsque nous sommes spontanés l'inquiétude diminue et nous traitons simplement les situations telles qu'elles sont. On ne se contente pas de réagir, mais on travaille également la qualité et la structure de la réaction. On ne se contente pas d'agir impulsivement, on ressent la texture de la situation.

Le mahakala est environné de flammes représentant l'irradiation énorme et continuelle de l'énergie de la colère dépourvue de haine, énergie compatissante. Le diadème de crânes symbolise la négativité ou les émotions. Loin de les détruire, de les abandonner ou de les condamner comme étant « mauvaises », le mahakala s'en sert comme parures.

La méditation en action

Travailler

Lorsque vous portez sur des situations ordinaires un regard extraordinaire, c'est comme si vous découvriez une pierre précieuse dans un tas d'ordures. Si le travail devient partie intégrante de votre pratique spirituelle, vos problèmes quotidiens cesseront d'être des problèmes pour devenir sources d'inspiration. Rien n'est rejeté comme ordinaire et rien n'est considéré comme particulièrement sacré, mais on utilise toute la substance et tout le matériau disponibles dans les situations de l'existence.

Toutefois, le travail peut également servir à fuir la créativité. Ou bien vous travaillez frénétiquement, remplissant tout l'espace sans laisser aucune possibilité de développement à la spontanéité, ou bien vous êtes paresseux, vous estimez nécessaire de vous révolter contre le travail, ce qui indique une peur de la création. Au lieu de laisser se dérouler le processus créateur, vous suivez des idées préconçues et vous redoutez l'ouverture. Lorsqu'on se sent déprimé, ou lorsqu'on craint que la situation ne soit pas harmonieuse, immédiatement, on commence à astiquer une table ou à désherber le jardin, pour essayer de se distraire. Ne voulant pas traiter le problème sous-jacent, on recherche une espèce de satisfaction momentanée. On a peur de l'espace, on redoute les coins vides. Lorsqu'il y a un mur nu, on s'empresse d'y accrocher un tableau ou une tapisserie. Plus ses murs sont surchargés et plus on se sent à l'aise.

Le travail véritable consiste à agir pratiquement, à établir une relation directe avec la terre. Vous pouvez être en train de travailler au jardin ou dans la maison, de laver la vaisselle, ou de faire tout ce qui peut exiger votre attention. Si vous ne ressentez pas la relation qui vous unit à la terre, la situation risque de virer au chaos. Si vous ne sentez pas que chaque pas, chaque situation reflètent votre état d'esprit et, par là même, sont porteurs d'une signification spirituelle, les problèmes saturent votre mode d'existence, et vous commencez à vous demander d'où ils proviennent. Ils semblent surgir de nulle part parce que vous refusez de voir la subtilité de la vie. En quelque sorte, vous ne pouvez pas tricher, vous ne pouvez faire semblant de bien verser une tasse de thé, vous ne pouvez pas jouer. Il vous faut vraiment le sentir, sentir la terre et votre relation à elle.

La cérémonie japonaise du thé est un bon exemple d'action en contact avec la terre. D'abord on rassemble délibérément le bol, le napperon, la brosse, le thé et l'eau bouillante. Le thé est servi et les hôtes le boivent délibérément, avec la sensation de faire correctement les choses. La cérémonie comprend également la manière de nettoyer les bols, de les ranger, et la façon de terminer correctement. Il est aussi important de débarrasser que de commencer.

Le travail revêt une extrême importance, aussi longtemps qu'on ne l'utilise pas comme évasion, comme moyen d'ignorer l'existence fondamentale d'un problème, en particulier si l'on se sent concerné par le développement spirituel. Le travail est l'un des moyens les plus subtils d'acquérir une discipline. Vous ne devriez pas mépriser les gens qui travaillent dans une usine ou qui sont affectés à une besogne matérielle. On apprend énormément de ces personnes. Je crois que beaucoup de nos problèmes de comportement à l'égard du travail proviennent d'une pseudo-sophistication de la conscience analytique. Vous ne voulez pas du tout vous impliquer physiquement. Vous ne voulez que d'un travail intellectuel, ou mental.

C'est un problème spirituel. En général, les gens intéressés par le développement spirituel pensent en termes d'importance de l'esprit, cette chose mystérieuse, élevée et profonde à la fois, que nous avons décidé d'étudier. Mais, assez étrangement, le transcendantal et le profond sont à l'usine. Cela ne vous illuminera peut-être pas d'y aller voir, cela ne vous paraîtra sans doute pas aussi agréable que les expériences spirituelles dont vous avez lu le récit mais, en quelque manière, la réalité se situe là, dans la relation que nous entretenons avec les problèmes quotidiens. Si nous établissons avec eux une relation simple, terre à terre, nous travaillerons de façon équilibrée et nous aborderons correctement les choses. Si nous pouvons nous simplifier de la sorte, nous deviendrons capables de voir beaucoup plus clairement l'aspect névrotique de l'esprit. Toute la structure de la pensée, le jeu qui se déroule à l'intérieur, devient autre chose qu'un jeu — une façon très pratique de penser les situations.

La conscience dans le travail est très importante. Ce peut être le même type de conscience que dans la méditation assise, le saut consistant à expérimenter l'ouverture de l'espace. Ceci dépend très largement de l'appréhension simultanée de la terre et de l'espace. On ne peut ressentir la terre sans ressentir l'espace. Plus on ressent l'espace et plus on ressent la terre. La sensation de l'espace entre les objets et nous devient un produit naturel de la conscience, de l'ouverture, de la paix et de la légèreté. Et la voie de la pratique ne consiste pas à se concentrer sur les choses, ni à essayer d'être conscient à la fois de soi-même et du travail, mais vous devriez ressentir une reconnaissance générale de cette ouverture tandis que vous travaillez. Alors vous commencez à sentir qu'il y a davantage d'espace pour faire les choses, davantage de place pour travailler. Il s'agit de reconnaître l'existence de l'ouverture consistant en un état méditatif continuel. Vous n'avez pas à essayer de vous y tenir ni de le provoquer délibérément, mais simplement reconnaître en un éclair d'une fraction de seconde cette vaste énergie de l'ouverture. Ensuite, vous en ignorez presque délibérément l'existence, et continuez votre travail. L'ouverture se poursuivra et vous commencerez à ressentir réellement les choses sur lesquelles vous êtes en train de travailler. Il ne s'agit pas tant de développer une conscience continuelle sur un objet mental que de devenir un avec la conscience, devenir un avec l'espace ouvert. Cela signifie que vous devenez également un avec les objets. Dès lors que vous n'essayez plus de vous diviser en différents champs et en différents degrés de conscience, entre observateur et acteur, il devient très facile de méditer. Vous commencez à entretenir une relation réelle avec les objets extérieurs et leur beauté.

Aimer

Il existe une vaste réserve d'énergie qui n'est pas centrée, qui n'est aucunement l'énergie de l'ego. Cette énergie est la danse non centrée des phénomènes, l'univers qui s'interpénètre et qui fait l'amour avec lui-même. Elle a deux caractéristiques : une qualité chaleureuse, ignée, et une tendance à s'écouler selon un mode particulier, de même que le feu contient aussi bien l'étincelle que l'air qui la dirige. Et cette énergie est toujours à l'œuvre, qu'elle soit perçue ou non à travers l'écran confus de l'ego. Comme le soleil, elle ne peut être supprimée ni interrompue. Tout est consumé jusqu'au point où il n'y a plus de place pour le doute ou la manipulation.

Mais, filtrée par l'ego, cette chaleur stagne parce que nous ignorons le terrain fondamental et refusons de voir l'espace au sein duquel se déploie cette énergie. L'énergie ne peut plus circuler librement dans un espace ouvert partagé avec l'objet convoité. Au contraire, elle est solidifiée, réduite et dirigée vers l'état-major central de l'ego qui l'oriente vers l'extérieur en vue d'amener l'objet convoité dans son territoire. L'énergie captive est projetée sur l'objet, puis elle revient pour être à nouveau programmée. Nous étendons nos tentacules et essayons de fixer notre relation. Cette tentative de s'accrocher à la situation entache de superficialité le processus de communication. Nous n'atteignons que la surface d'autrui, et nous nous y cramponnons, sans jamais faire l'expérience de son être complet. Notre attachement nous aveugle. Au lieu de baigner dans la chaleur intense de la libre passion, l'objet convoité étouffe dans la fournaise de la passion névrotique.

La passion libre est une radiation dépourvue de source, une chaleur fluide, diffuse, qui circule sans effort. Elle n'est pas destructrice parce qu'elle est une façon d'être équilibrée et hautement intelligente. La conscience de soi inhibe ce mode d'être intelligent et équilibré. En nous ouvrant, en abandonnant notre avidité consciente d'elle-même, nous ne voyons pas seulement la surface d'un objet, mais nous en avons également une vision profonde et totale. Nous ne nous arrêtons plus aux sensations et nous percevons les qualités globales qui sont de l'or pur. Loin de nous éblouir, la vision de l'extérieur nous branche sur l'intérieur. Aussi atteignons-nous le cœur de la situation et, s'il s'agit de la réunion de deux personnes, la relation est très inspirante parce que nous ne voyons pas l'autre purement en termes d'attraction physique ou selon les schémas habituels; nous voyons l'intérieur aussi bien que l'extérieur.

Une communication aussi pénétrante et complète peut faire problème. Supposez que vous voyiez réellement quelqu'un,

qui, de son côté, ne veut pas être vu de la sorte, s'épouvante
et se sauve en courant. Que faire alors? Vous avez communi-
qué complètement et parfaitement. Si la personne en question
prend ses jambes à son cou, c'est sa façon de communiquer
avec vous. Vous n'avez pas à chercher plus loin. Si vous la
poursuiviez, tôt ou tard vous deviendriez un démon à ses
yeux. Vous voyez à travers son corps, c'est de la chair grasse
et juteuse, délicieuse à manger; vous lui paraissez être un
vampire. Et plus vous tentez de poursuivre, plus vous chutez.
Peut-être votre désir était-il trop vif lorsque vous l'avez regar-
dée, peut-être étiez-vous trop pénétrant. Vous possédez de
beaux yeux aigus, une passion et une intelligence pénétrantes,
et vous avez abusé de vos talents, vous en avez joué. Il est
très naturel que les gens qui possèdent un pouvoir ou un don
particulier soient tentés d'en abuser, d'en mesurer en essayant
de pénétrer tous les recoins. A coup sûr, quelque chose fait
défaut dans une telle approche — le sens de l'humour. Si vous
essayez de pousser les choses trop loin, cela signifie que vous
ne percevez pas correctement le terrain; vous ne sentez que
votre relation à la situation. Ce qui cloche, c'est que vous ne
voyez pas toutes les faces de la situation et que, dès lors, son
aspect ironique ou humoristique vous échappe.

Parfois les gens vous fuient parce qu'ils veulent jouer avec
vous. Ils ne recherchent pas un engagement conformiste, honnête et sérieux, ils veulent jouer. Mais, s'ils sont pourvus d'humour et vous pas, vous devenez démoniaque. C'est là qu'apparaît *lalita,* la danse. Vous dansez avec la réalité, avec les
phénomènes apparents. Lorsque vous désirez très fort un
objet ou une personne, vous ne projetez pas immédiatement
vos yeux et vos mains — simplement, vous admirez. Au lieu
de vous mouvoir impulsivement, vous permettez à l'autre de
se mouvoir de son côté, ce qui est apprendre à danser avec la
situation; vous n'avez pas à créer la situation de toutes pièces;
simplement, vous l'observez, vous travaillez et apprenez à

danser avec elle. Alors ce n'est pas votre création qui naît, mais plutôt une danse mutuelle. Personne n'est conscient de soi, parce qu'il s'agit d'une expérience réciproque.

Lorsqu'il existe une ouverture fondamentale dans une relation, la fidélité, au sens de la confiance réelle, surgit automatiquement; c'est une situation naturelle. Parce que la communication est tellement réelle, belle et coulante, vous ne pouvez communiquer de la même façon avec personne d'autre, et vous êtes automatiquement attirés l'un vers l'autre. Mais si le moindre doute se présente, si vous commencez à vous sentir menacé par quelque possibilité abstraite, bien qu'à ce moment précis votre communication se déroule parfaitement, alors vous semez la graine de la paranoïa, et vous considérez la communication comme un simple divertissement de l'ego.

Si vous déposez un germe de doute, vous risquez de prendre peur, de redouter la perte d'une communication si bonne et si réelle. Le moment viendra où, égaré, vous vous demanderez si la communication est aimante ou agressive. Cet égarement entraîne une certaine perte de distance et, de cette façon, la névrose commence. Si l'on perd la perspective juste, la distance juste, dans le processus de la communication, alors l'amour se transforme en haine. Naturellement, dans la haine comme dans l'amour, on veut réaliser une communication physique avec la personne — ici, la tuer ou la blesser. Toute relation dans laquelle l'ego est impliqué, qu'il s'agisse d'une relation amoureuse ou de tout autre type de relation, comporte le risque d'un volte-face aux dépens de votre partenaire. Aussi longtemps que subsiste la moindre notion de menace et d'insécurité, une relation amoureuse peut toujours se changer en son contraire.

Travailler avec les autres

L'idée de s'entraider est plus subtile que nous ne pourrions le penser. En général, lorsque nous essayons d'aider les autres, nous les gênons, nous leur imposons des exigences. Nous nous rendons insupportables à autrui parce que nous ne pouvons nous supporter nous-mêmes. Nous voulons éclater dans quelque chose pour que l'on sache que nous sommes désespérés. Aussi nous étendons-nous, et entrons-nous sans permission dans le territoire d'autrui. Nous voulons prendre de l'importance, que l'autre veuille bien nous accepter ou non. Nous ne souhaitons pas réellement mettre à nu le fond de notre caractère, mais nous voulons dominer la situation autour de nous. Nous marchons droit sur le territoire d'autrui, sans respecter les conditions normales d'entrée. Peut-être y a-t-il des indications. « Ne marchez pas sur l'herbe », « Propriété privée ». Mais chaque indication nous rend plus agressifs, plus révolutionnaires. Nous nous projetons chez l'autre, comme un char d'assaut traverserait un mur. Non seulement nous commettons de la sorte un acte de vandalisme à l'égard du territoire d'autrui, mais nous troublons également notre propre territoire — c'est aussi du vandalisme interne. On se gêne soi-même autant que l'on gêne les autres.

La plupart des gens détestent se trouver dans une telle situation. Ils ne veulent pas devenir des gêneurs. Mais à l'inverse, on n'est pas tenu d'adopter une façade détendue, des manières courtoises, de tout faire correctement, de se montrer poli et respectueux. La véritable considération n'est pas diplomatique, elle ne présente pas une façade de sourires et de propos déférents. C'est quelque chose de plus que cela.

Elle exige beaucoup d'énergie et d'intelligence. Elle implique
que nous ouvrions notre territoire plutôt que d'empiéter sur
celui d'autrui. Enfin, elle suppose que l'on ne joue pas à
magnétiser ou à repousser les autres, que l'on n'entoure pas
son territoire d'aimants ou de fil de fer électrifié. Alors il
existe une faible éventualité que nous puissions être de quelque
secours pour les autres. Mais nous n'en sommes encore qu'à
nos toutes premières expériences d'assistance à autrui. Nous
avons fugitivement commencé à entrevoir ce que pouvait
signifier aider les autres authentiquement, mais il faut beaucoup de temps pour saisir la chose, la mettre dans notre
bouche, la mâcher, la savourer et l'avaler. Cela prend du
temps d'abattre nos clôtures. Le premier pas consiste à
apprendre à s'aimer soi-même, à entrer en amitié avec soi-
même, à cesser de se torturer. Et la seconde étape consiste à
communiquer avec les autres, à établir une relation et à les
aider graduellement. Cela prend longtemps et cela exige un
long processus de patience disciplinée.

Lorsque nous avons appris à ne pas gêner les autres, puis
à nous ouvrir à eux, nous sommes prêts pour la troisième
étape, l'aide désintéressée. En général, lorsque nous aidons
quelqu'un, nous attendons quelque chose en retour. Lorsque
nous disons à nos enfants « Je souhaite votre bonheur, donc
je vous consacre toute mon énergie », cela signifie « Je souhaite
votre bonheur parce que je veux que vous me procuriez de la
distraction; donnez-moi du bonheur, je veux être heureux ».
Au stade de l'aide désintéressée, de la véritable compassion,
nous agissons, non pas pour tirer du plaisir, mais parce que
c'est indispensable. Notre réponse est désintéressée, décen-
tralisée. Nous n'agissons ni pour nous-mêmes ni pour autrui.
La générosité est celle de l'environnement.

Mais nous ne pouvons nous contenter de sortir de chez
nous et d'essayer de pratiquer ce genre de compassion. Il nous
faut d'abord apprendre à ne pas gêner. Si nous pouvons être

amis avec nous-mêmes, si nous voulons être ce que nous sommes, sans détester certaines parties de nous-mêmes ou essayer de les cacher, alors nous pouvons commencer à nous ouvrir aux autres. Et si nous commençons à nous ouvrir sans toujours chercher à nous protéger, alors peut-être pouvons-nous commencer à aider réellement les autres.

L'octuple sentier

Il se présente toutes sortes de séduisants détours au long de nos relations avec les situations de l'existence : « Restaurant », « Station-service », « Hôtel », « Prochaine sortie ». On nous promet toujours quelque chose si nous tournons à la prochaine sortie, lorsque nous roulons sur notre autoroute personnelle. Il y a tellement de panneaux colorés [1]. Nous ne voulons jamais être simplement où nous sommes et ce que nous sommes, nous voudrions toujours être ailleurs. Il est toujours possible de prendre la prochaine sortie, même si nous savons qu'en fait nous ne pouvons nous échapper de l'autoroute, que nous n'avons réellement aucun choix. Il est embarrassant de nous trouver là où nous sommes; aussi aimerions-nous entendre quelqu'un nous dire qu'il y a une alternative, de sorte que nous n'ayons pas à avoir honte de nous-mêmes : « Voici un masque, mettez-le. » Alors nous pourrions prendre cette sortie et nous serions « sauvés » en feignant d'être ce que nous ne sommes pas. Vous croyez que les gens vous voient autre que ce que vous êtes, portant le masque de ce que vous voudriez être.

Le bouddhisme ne promet rien. Il nous apprend à être ce

1. La publicité n'est pas interdite le long des autoroutes américaines (*NdT*).

que nous sommes, là où nous sommes, constamment, et il nous enseigne à établir des relations en conséquence avec les situations de notre existence. Il semble bien que ce soit la façon dont il faille avancer sur notre autoroute sans nous laisser distraire par les détours de toutes sortes. Les panneaux disent : « Village tibétain », « Village japonais », « Nirvana », « Illumination », « Disneyland ». Si vous prenez la prochaine à droite, tout sera parfait. Vous aurez ce qu'on vous a promis. Mais, après la visite de Disneyland ou la participation au festival du Nirvana, il vous faut penser à retrouver votre voiture et à rentrer chez vous. Il va donc falloir reprendre l'autoroute. C'est inévitable! J'ai bien peur que cela ne figure notre situation fondamentale, le processus dans lequel nous sommes constamment impliqués.

Je suis désolé de n'offrir aucune promesse séduisante ou ensorcelante. Il se trouve que la sagesse est une affaire domestique. Bouddha vit le monde tel qu'il est, et ce fut son illumination. « Bouddha » signifie « éveillé ». Être éveillé, complètement éveillé — tel semble être le message qu'il nous adresse. Il nous a présenté un sentier vers l'éveil, un sentier suivant huit points, et il l'a nommé l'« octuple sentier ».

La première précision apportée par le Bouddha concerne la « vue juste ». La vue erronée est une question de conceptualisation. Quelqu'un se dirige vers nous — et soudain nous nous gelons. Non seulement nous nous gelons nous-même, nous gelons également l'espace dans lequel quelqu'un se meut en notre direction. Nous nommons « ami » ou « ennemi » celui qui marche dans cet espace. Aussi la personne marche-t-elle automatiquement dans une situation gelée d'idées fixées — « ceci est cela » ou « ceci n'est pas cela ». Voilà ce que Bouddha appelait la vue erronée. C'est une vue conceptualisée qui est imparfaite parce que nous ne voyons pas la situation telle qu'elle est. A l'inverse, il y a la possibilité de ne pas geler cet espace. La personne se meut alors dans une situation lubrifiée impliquant moi-même et elle-même, tels que nous sommes. Une telle situation lubrifiée peut exister et créer un espace ouvert.

Bien sûr, l'ouverture elle-même peut être récupérée comme concept philosophique, mais la philosophie n'exige pas nécessairement d'être fixée. La situation peut être vue sans l'idée de lubrification en tant que telle, sans aucune idée fixe. En d'autres termes, l'attitude philosophique peut consister en une simple vision de la situation telle qu'elle est. « Cette personne qui se dirige vers moi n'est ni amie ni ennemie. C'est seulement quelqu'un qui vient vers moi. Je n'ai pas besoin de préjuger d'elle du tout. » Voilà ce que l'on appelle la « vue juste ».

L'aspect suivant de l'octuple sentier est nommé « intention juste ». L'intention ordinaire se fonde sur le processus que nous venons de décrire. Une fois que vous avez conceptuellement fixé la personne, vous êtes prêt à vous y accrocher ou à l'attaquer. Un dispositif se met en place automatiquement pour lui fournir un divan confortable ou bien un revolver sur la tempe. Voilà pour l'intention. C'est un processus mental qui lie la pensée à l'action. Lorsque vous rencontrez une situation, vous pensez, et la pensée dispose à l'action. Dans votre souci constant de relier la situation à votre sécurité, vous prenez l'intention entre deux mâchoires. D'un côté, en effet, il y a l'élément émotif, concerné par le plaisir et la douleur, l'expansion et le retrait. De l'autre, il y a la pesanteur de la situation, son aspect physique. Les situations vous incitent à mâcher constamment votre intention. L'intention a toujours la qualité de l'invitation ou de l'attaque.

Or, selon le Bouddha, il existe également une « intention juste ». Pour saisir de quoi il s'agit, nous devons d'abord comprendre ce que Bouddha veut dire par « juste ». Pour lui, le juste n'était en aucune façon le contraire du faux. Il disait « juste » dans le sens de « ce qui est », ce qui est juste sans concept de justesse. « Juste » exprime le mot sanscrit *samyak,* qui signifie « complet ». La complétude n'a nul besoin de l'aide relative d'être soutenue par des comparaisons, elle se suffit à elle-même. Samyak signifie voir la vie telle qu'elle est, sans béquilles, directement. Dans un bar, si vous commandez une boisson forte, on ne vous apportera pas du soda — ce qui est fort se boit pur. Nul besoin de délayer ni de mélanger. Bouddha réalisa que la vie peut être puissante et délicieuse, positive et créative, et que vous n'avez besoin de nul soda pour l'affadir. La vie est une boisson forte, le plaisir est chaud, la douleur est chaude, c'est direct, c'est du 100 %!

Aussi l'intention juste signifie-t-elle que vous n'êtes pas attiré par autre chose que ce qui est. Vous n'êtes pas impliqué dans l'idée que la vie *pourrait être* belle, ou douloureuse, et vous n'êtes pas prudent en ce qui concerne la vie. Selon le Bouddha, la vie *est* souffrance, la vie *est* plaisir. C'est sa qualité samyak — tellement précise et directe : la vie forte, sans délayage. Il n'est aucunement nécessaire de réduire ou d'intensifier les situations de l'existence. Le plaisir tel qu'il est, la souffrance telle qu'elle est — telles sont les qualités absolues de l'approche bouddhique de l'intention.

Le troisième aspect de l'octuple sentier est la « parole juste ». En sanscrit, parole se dit *vac,* ce qui signifie « énonciation », « mot », ou « logos ». Cela implique une communication parfaite, qui dit « C'est ainsi », plutôt que « Je pense que c'est ainsi ». « Le feu est chaud », plutôt que « Je pense que le feu est chaud ». Le feu *est* chaud, automatiquement — approche directe. Une telle communication est parole inévitable, *satya* en sanscrit, ce qui veut dire « être vrai ». Il fait noir dehors, maintenant. Personne ne peut dire le contraire. Personne ne va s'amuser à dire « Je pense qu'il fait noir dehors », ou « Vous devez croire qu'il fait noir dehors ». On dit simplement : « Il fait noir dehors. » C'est le minimum de mots que l'on puisse utiliser — et c'est vrai.

Le quatrième aspect de l'octuple sentier est la « moralité juste » ou « discipline juste ». S'il n'y a personne pour imposer une discipline ni à qui l'imposer, alors il n'est aucunement besoin de discipline au sens ordinaire. Ceci conduit à la compréhension de la discipline juste, complète, qui n'existe pas relativement à l'ego. La discipline ordinaire existe seulement au niveau des décisions relatives. S'il y a un arbre, il y a également des branches; mais s'il n'y a pas d'arbre, on ne trouvera rien qui ressemble à des branches. De même, s'il n'y a pas d'ego, tout un ensemble de projections devient superflu. La discipline juste consiste en cette sorte de processus d'abandon. Elle nous mène à la simplicité complète.

Nous sommes tous familiarisés avec le type samsarique de discipline, orienté vers l'amélioration de soi. Nous abandonnons toutes sortes de choses dans le but de nous rendre « meilleurs », ce qui nous donne la formidable assurance que nous pouvons *faire* quelque chose de notre vie. De telles formes de discipline compliquent inutilement notre existence au lieu de la simplifier, d'en faire la vie d'un *rishi*.

Rishi est un terme sanscrit désignant la personne qui mène en permanence une vie juste. En tibétain, *rishi* se dit *trang-song (drang sron)*. *Trang* signifie « direct », *song* signifie « droit ». Il s'agit d'une personne qui mène une vie droite et directe, sans introduire de nouvelles complications dans sa situation existentielle. C'est une permanente discipline, l'ultime discipline. On simplifie la vie plutôt que de s'entourer de nouveaux gadgets ou de chercher de nouveaux mélanges de boissons.

Le cinquième point est le « mode de vie juste ». Selon Bouddha, le mode de vie juste signifie simplement gagner de l'argent, en travaillant, gagner des dollars, des livres, des francs, des pesetas. Pour acheter de la nourriture et payer un loyer il faut de l'argent. Ce n'est pas une cruelle imposition à nous infligée. C'est une situation naturelle. Nous n'avons pas à être embarrassés par la manipulation de l'argent, ni à subir le travail. Plus vous investissez d'énergie, et plus vous recevez. La nécessité de gagner de l'argent vous place dans un si grand nombre de situations entrelacées qu'elle imprègne votre vie tout entière. Le refus du travail est généralement lié au refus d'autres aspects de l'existence.

Les gens qui rejettent le matérialisme de la société occidentale et s'en séparent refusent de se regarder en face. Ils voudraient s'offrir le luxe de considérer qu'ils mènent une vie philosophique vertueuse, plutôt que de réaliser qu'ils refusent de collaborer avec le monde tel qu'il est. On ne peut s'attendre à recevoir l'assistance d'êtres divins. Si on adopte des doctrines qui nous conduisent à attendre des bénédictions, on ne sera pas ouvert aux potentialités réelles des situations. Bouddha croyait dans la relation de cause à effet. Par exemple, vous vous fâchez avec un ami et décidez de rompre. Vous échangez des propos vifs avec lui et sortez de la pièce en claquant la porte. Vous vous prenez le doigt dans la porte. Ça fait mal, n'est-ce pas? C'est cela, la cause et l'effet. Vous réalisez qu'il y a là quelque avertissement. Vous avez refusé de voir la nécessité karmique. Cela se produit sans cesse. On s'expose à ce genre d'incident lorsqu'on enfreint le mode de vie juste.

Le sixième point est l'« effort juste ». Le mot sanscrit *samyagvyayama* signifie « énergie », « endurance », « effort ». Cela correspond au principe de l'énergie du *bodhisattva*. Il est inutile de peiner sans cesse. Si vous êtes conscient et ouvert dans les situations de la vie, il devient possible pour elles et pour vous d'être créateurs, beaux, humoristiques et délicieux. Cette ouverture naturelle est l'effort juste et elle se distingue de tous les efforts forcés. L'effort juste consiste à voir une situation précisément telle qu'elle est au moment même, à être pleinement présent, avec joie, dans un large sourire. Alors qu'en certaines occasions, nous savons que nous sommes présents, mais nous ne voulons pas réellement nous engager, l'effort juste implique une entière participation.

Pour que l'effort juste puisse prendre place, il faut des failles dans notre bavardage discursif ou visionnaire, il faut la place de s'arrêter et d'être présent. En général, quelqu'un chuchote des propos séducteurs dans notre dos : « C'est vraiment bien de méditer, mais si on allait au cinéma? La méditation, c'est bon, mais se réunir avec quelques amis ce n'est pas mauvais non plus. Pourquoi pas? Et si on lisait ce livre? Peut-être ferait-on mieux d'aller au lit. Et si l'on achetait telle chose que l'on désire? Et si l'on...? Et si l'on...? » L'incessant défilé des pensées discursives nous fournit quantité de suggestions — il n'y a pas de place pour l'effort. Ou peut-être, au lieu de penser, sommes-nous continuellement assaillis par la vision de possibilités : « Mon ennemi s'approche et je le frappe — c'est la guerre. » Ou : « Mon ami m'aborde et je l'embrasse, je l'accueille chez moi et je lui offre l'hospitalité. » Et ça continue... « J'ai envie de manger des côtes d'agneau — non, une épaule, un steak... une glace à la fraise. Je vais sortir avec mon amie, acheter une crème glacée, la rapporter à la maison, et au retour, nous échangerons des propos choisis sur les crèmes glacées. Et puis nous pouvons aller chercher des plats préparés au restaurant mexicain. Nous dînerons ensemble, aux chandelles et en musique, et nous aurons une agréable discussion philosophique pendant que nous mangerons... » On est constamment en train de rêver à toutes sortes de possibilités de divertissement. On n'a pas de place pour s'arrêter, pas de place pour commencer à donner de l'espace. Donner de l'espace : effort, non-effort et effort, non-effort... dans un sens, c'est très heurté et très précis de savoir comment lâcher le bavardage discursif ou visionnaire. L'effort juste — c'est beau.

Le pas suivant est l'« attention juste ». L'attention juste ne signifie pas simplement que l'on est conscient; elle s'apparente à la création d'une œuvre d'art. Il y a plus d'espace dans l'attention juste que dans l'effort juste. Si vous prenez une tasse de thé, vous êtes conscient de tout l'environnement aussi bien que de la tasse de thé. Il devient dès lors possible de vous fier à ce que vous faites, plus rien ne vous menace. Vous avez la place de danser dans l'espace, et cela rend la situation créatrice. L'espace vous est ouvert.

Le huitième aspect de l'octuple sentier est le « samadhi juste », l'absorption juste. *Samadhi* signifie être tel que c'est, c'est-à-dire communiquer avec l'espace de la situation. Ceci s'applique aussi bien aux situations de la vie quotidienne qu'à la méditation assise. L'absorption juste consiste en un engagement complet, profond et entier, au-delà de toute dualité. Dans la méditation assise, la technique et nous sommes un; et dans les situations vitales le monde des phénomènes fait également partie de nous. Dès lors, nous n'avons pas à pratiquer la méditation en tant que telle, comme si nous étions distincts de l'acte de méditer et de l'objet de la méditation. Si nous sommes un avec la situation vivante telle qu'elle est, notre méditation se produit automatiquement, simplement.

Longchenpa (Klong-chen ral-byams-pa) surmonté de Shri Singha. Long-chenpa fut un grand maître de la lignée Nyingma du bouddhisme tibétain. Il est connu pour avoir systématisé les enseignements oraux de cette lignée. Shri Singha était un maître indien dispensant les enseignements les plus élevés du tantra. Il fut le maître de Padmasambhava, qui introduisit le bouddha-dharma au Tibet.

6

La voie ouverte

Le vœu du bodhisattva

Avant de nous engager dans le sentier du bodhisattva, il nous faut d'abord marcher le long du hinayana, ou voie étroite. Le voyage commence formellement lorsque l'étudiant prend refuge dans le bouddha, le dharma, et la *sangha* — c'est-à-dire dans la lignée des maîtres, les enseignements, et la communauté des frères et sœurs du voyage. Nous exposons notre névrose à notre instructeur, acceptons les enseignements comme étant la voie et partageons humblement notre confusion avec nos semblables. Symboliquement, nous abandonnons notre terre, notre maison et nos amis. Nous quittons le terrain familier qui entretient notre ego, admettons l'impuissance de l'ego à contrôler son univers et à se maintenir en sécurité. Nous lâchons nos manies de la supériorité et de l'autoprotection. Mais la prise de refuge ne signifie pas que l'on devienne dépendant du maître, de la communauté ou des Écritures. Cela veut dire que l'on abandonne la recherche d'une demeure, on devient un réfugié, un être solitaire qui ne peut compter que sur lui-même. Un maître, un compagnon de voyage ou les textes pourront nous aider à localiser sur une carte l'endroit où nous nous trouvons et l'emplacement de notre prochaine étape, mais c'est à nous de faire le voyage. Fondamentalement, personne ne peut nous aider. Si nous cherchons à soulager notre abandon, nous serons distraits du chemin. Nous devons au contraire communiquer avec l'abandon jusqu'à ce qu'il se mue en solitude.

Dans le hinayana, l'accent est placé sur la reconnaissance de notre confusion. Dans le mahayana, on reconnaît que l'on est un bouddha, un éveillé, et l'on agit en conséquence, même s'il arrive que surgissent toutes sortes de doutes et de problèmes. Les Écritures considèrent le vœu et l'engagement dans la voie du bodhisattva comme le signe de l'éveil de la bodhi ou « intelligence fondamentale ». L'éveil implique une vision plus claire de notre confusion. Il est embarrassant et pénible d'avoir à affronter nos espoirs et nos peurs cachés, notre frivolité et notre névrose. C'est un monde tellement surpeuplé. Mais quel défilé chatoyant ! L'idée fondamentale est que, si nous voulons communiquer avec le soleil, il nous faut également communiquer avec les nuages qui le cachent. Aussi le bodhisattva entretient-il une relation positive à la fois avec le soleil et avec les nuages. Mais, au début, prédominent les nuages — la confusion — qui voilent le soleil. Lorsque nous essayons de nous en démêler, nous commençons par faire l'expérience de l'emmêlement.

La pierre de gué, le point de départ sur la voie de l'éveil, lorsque l'on rejoint la famille des bouddhas, consiste dans le vœu du bodhisattva. Traditionnellement, ce vœu est prononcé en présence d'un maître spirituel, d'images des bouddhas et des Écritures, pour symboliser la présence de la lignée, de la famille de Bouddha. « A partir d'aujourd'hui jusqu'à ce que j'atteigne l'illumination, je m'engage à travailler avec les êtres vivants en renonçant à ma propre atteinte de l'illumination. » A vrai dire, il est impossible d'atteindre l'illumination si l'on n'abandonne pas la notion d'un « moi » personnel qui l'atteigne. Aussi longtemps que l'aventure de l'illumination est centrée sur « moi », pourvue de certains attributs, il n'y a aucun espoir d'atteindre l'illumination, parce qu'elle n'est le

projet de personne; c'est un projet extraordinairement éner-
gique, mais il n'y a personne qui l'anime. Personne ne super-
vise l'illumination ou n'est là pour en apprécier le déploiement. Nous ne pouvons vider notre être en versant le contenu
de ce vieux récipient sale dans un récipient propre et neuf.
Si nous examinons notre vieux récipient, nous découvrons
qu'il n'a aucune solidité. Une telle réalisation de l'absence de
l'ego ne peut provenir que d'une pratique de la méditation,
d'une relation avec les pensées discursives, d'un cheminement à rebours à travers les cinq skandhas. Lorsque la méditation devient une relation habituelle avec la vie quotidienne, il
est possible de prononcer le vœu du bodhisattva. A ce stade,
la discipline est assumée plutôt qu'elle n'est subie. C'est comme
un engagement dans une entreprise passionnante au service de
laquelle nous dépenserions automatiquement beaucoup de
temps et d'énergie. Nous n'avons nul besoin d'encouragements
ni de menaces; simplement, nous nous y trouvons intuitive-
ment engagés. Nous identifier à la nature de bouddha
consiste à travailler avec notre intuition, ce qui est une discipline assumée.

Le vœu du bodhisattva reconnaît que la confusion et le
chaos — l'agression, la passion, la frustration, la frivolité —
font partie du chemin. Ce chemin ressemble à une large autoroute très fréquentée, avec des obstacles, des accidents, des
travaux et des agents de police. C'est plutôt terrifiant. Mais
enfin, c'est assez majestueux, c'est la grande voie. « A partir
d'aujourd'hui et jusqu'à ce que j'atteigne l'illumination, je
veux vivre avec mon chaos et ma confusion, aussi bien qu'avec
ceux des autres êtres vivants. Je veux partager notre confusion
mutuelle. » Personne ne joue le caïd, le cacique. Le bodhisattva
est un très humble pèlerin qui travaille le sol du samsara pour
en extraire le trésor caché.

Héroïsme

Le sentier du bodhisattva est un sentier héroïque. Dans les pays où il s'est développé — Tibet, Chine, Japon, Mongolie —, les gens sont rudes, durs au travail et terriens. Le style de pratique du Mahayana reflète les qualités héroïques de ces gens — la tradition samouraï du Japon, l'effort industrieux des paysans chinois, la lutte des Tibétains au sein d'un milieu hostile et dépouillé. En Occident, on interprète souvent un tel type d'approche âprement héroïque de la pratique comme un militantisme rigide, ou une robotisation. L'attitude originelle implique la joie de se sentir invincible, de n'avoir rien à perdre, d'être complètement convaincu de sa propre solitude. Il arrive, bien sûr, que les bodhisattva débutants entretiennent quelque pensée seconde au sujet de cette audacieuse décision consistant à abandonner l'illumination et à se consacrer au salut des êtres vivants en travaillant avec eux — qu'ils tirent du plaisir ou de l'orgueil de l'action compatissante. Il arrive qu'ils prennent peur. Cette hésitation est décrite métaphoriquement dans les *sutras* comme le fait de rester sur le seuil de sa maison, avec un pied dehors et un pied dedans. C'est l'instant crucial. Allons-nous dépasser l'hésitation et sortir dans le *no man's land* extérieur, ou bien décider de rester dans notre cadre domestique familier? Voulons-nous œuvrer pour le bien de tous les êtres vivants, ou bien préférons-nous la mentalité *arhat* de l'illumination personnelle?

On se prépare à marcher dans le sentier du bodhisattva en unifiant le corps et l'esprit : le corps travaille pour l'esprit et l'esprit travaille pour le corps. Les pratiques shamatha et vipashyana du hinayana apaisent et aiguisent positivement l'esprit — le sommeil, le rêve ou la perception brumeuse font place à une présence attentive. On peut préparer correctement une tasse de thé, cuisiner et servir correctement la nourriture, parce que l'esprit et le corps sont synchronisés.

On est alors prêt à bondir dans le sentier du bodhisattva, à s'ouvrir à la joie de travailler avec les êtres vivants, y compris soi-même. Le bodhisattva devient son propre ami aussi bien que celui des autres. Aucun coin sombre ou mystérieux ne recèle de menace; aucune surprise ne peut affecter l'intelligence spirituelle du bodhisattva, sa dignité et son héroïsme. C'est la première étape, le premier *bhumi*[1] au niveau spirituel.

Le mot *bhumi* en sanscrit (ou *sa* en tibétain) signifie « terre », « sol » ou « niveau », terrain sur lequel on peut communiquer avec soi-même et autrui. Aucune mystification, aucune confusion ne sont possibles; c'est, de toute évidence, de la terre solide. En d'autres termes, c'est l'équivalent de la santé fondamentale, de l'être ici-et-maintenant. Dès lors que le bodhisattva connaît son corps et son esprit, et comment opérer avec eux, l'ensemble du processus devient la mise en œuvre de « moyens habiles », au sein d'une sécurité transcendantale. On est en sécurité plutôt qu'on ne se sécurise, plutôt qu'on ne s'observe pour se rassurer que tout va bien. Cette sécurité fondamentale provient de ce que l'on réalise qu'on a franchi un palier. Si l'on regarde en arrière, on réalise que l'on avait coutume d'être extrêmement paranoïaque et névrotique; on faisait attention à chaque pas, on avait peur de perdre la tête, on se sentait toujours menacé de quelque façon par les situations. Maintenant, vous êtes libéré de toutes ces peurs et idées préconçues. Vous découvrez que vous avez quelque chose à donner plutôt que de toujours avoir à deman-

---

1. On trouvera en appendice une liste des dix bhumis et des *paramitas* correspondantes en tibétain, sanscrit et français.

der à autrui, de toujours chercher à saisir. Pour la première
fois, vous êtes riche, vous détenez la santé fondamentale.
Vous avez quelque chose à offrir, vous êtes capable de travailler avec vos semblables, vous n'avez plus à vous rassurer.
L'assurance implique une mentalité de pauvreté — vous vous
contrôlez : « Y suis-je? Comment dois-je faire? » Mais la joie
de la plénitude du bodhisattva est fondée sur l'expérience
plutôt que sur la théorie ou les vœux pieux. C'est comme cela,
directement, fondamentalement. Sa richesse fondamentale
lui permet de prendre joie à la générosité.

Ainsi donc, au niveau du premier bhumi, le bodhisattva
développe-t-il l'exercice de la générosité. Il n'agit pas généreusement pour obtenir quelque chose en retour, simplement il
est généreux et chaleureux. Si vous faites preuve envers quelqu'un de gentillesse au sens habituel du mot, votre attitude
dénote une certaine condescendance — vous vous penchez sur
le sort d'un être moins fortuné que vous : « Je suis riche et tu
as besoin d'aide parce que tu n'es pas semblable à moi. » Il
n'est pas nécessaire que la générosité du bodhisattva soit
douce et gentille; elle peut être très violente ou acérée parce
qu'elle vous donne ce dont vous avez besoin plutôt que ce qui
vous satisferait superficiellement. Il n'attend absolument rien
en retour. Il peut être généreux physiquement en offrant de la
nourriture, de l'argent, des vêtements, un toit, ou spirituelle-
ment en fournissant des aliments pour l'esprit, en restaurant
votre santé mentale. Le meilleur type de générosité, selon les
Écritures, est celui qui s'exerce sur l'état de conscience
d'autrui. Mais le bodhisattva n'outrepasse point sa propre
compréhension; il se considère comme un étudiant plutôt que
comme un maître. Il n'essaie pas non plus de séduire l'objet
de sa générosité. Il n'est pas seulement conscient de « moi et
eux » mais, également, de l'espace que, tous, nous partageons.
La perception de l'espace partagé est le fait de l'intelligence
aiguë de prajna.

La générosité joyeuse du premier bhumi s'accompagne de prajna, la connaissance transcendantale. Cette connaissance résulte de la pratique vipashyana, de l'entraînement de base que vous avez hérité de votre pratique hinayana. L'ouverture à la richesse joyeuse du premier bhumi éveille automatiquement et du même coup la connaissance transcendantale. Le terme *prajna* est souvent traduit par « sagesse », mais il est préférable de parler de « connaissance transcendantale », et d'user du mot sagesse pour traduire *jnana,* la condition méditative correspondant au niveau du tantra, qui est une condition plus avancée que prajna.

Au niveau du premier bhumi, prajna implique que soit pourfendue, dissoute, la frontière entre méditation et non-méditation. Elle implique la disparition du sentiment qu'il y a quelqu'un, quelqu'un de « conscient ». Le bodhisattva pourrait se contenter de continuer à pratiquer sa discipline de la méditation assise, mais elle commence à lui paraître insuffisante; c'est simplement une discipline. En fait, lorsqu'il se lève et participe à la vie courante, la condition de son esprit ne change pas le moins du monde. Ses actes généreux sont incessants. En d'autres termes, le bodhisattva possède déjà l'acuité, l'intelligence de l'esprit éveillé. C'est pourquoi sa générosité devient *dana paramita. Dana* signifie « générosité », *para,* « autre » et *mita,* « rive ». Il s'agit de la générosité qui transcende, qui va sur l'autre rive. Vous traversez le fleuve du samsara, de la confusion, du modèle karmique, avec ses continuelles réactions en chaîne, chaque phénomène provoquant le suivant comme dans le courant électrique où chaque décharge est indépendante mais déclenche la suivante.

Prajna est la transcendance, vous pourfendez la réaction en chaîne du karma. Mais l'acte de pourfendre la chaîne karmique pourrait lui-même engendrer une réaction en chaîne, dès lors qu'il serait reconnu comme tel. Cela devient très subtil. Jusqu'à ce que le bodhisattva atteigne le dixième bhumi, il ne

peut complètement rompre la chaîne de l'attachement karmique parce qu'il reconnaît l'acte même de pourfendre. Prajna
est connaissance en ce sens que l'on continue à considérer le
dharma, la connaissance, comme extérieur à soi-même; il y a
encore confirmation de l'expérience, on continue de faire
l'expérience de pourfendre comme un événement riche d'enseignement. Le bodhisattva doit passer par les dix étapes du
développement pour pourfendre l'observateur, le connaisseur.
Le processus réjouissant du premier bhumi célèbre la sortie
du samsara plutôt que son dépassement, aussi le bodhisattva
continue-t-il à transporter avec lui des éléments samsariques.

Le premier bhumi est comparé dans les Écritures à l'état
de celui qui a bu une demi-tasse de thé et laissé la moitié.
Vous avez choisi le thé, vous l'avez infusé, vous l'avez goûté
et vous avez commencé à le boire, mais vous n'avez pas encore
épuisé le contenu de la tasse. Vous êtes pris, pas dans le sens
d'être piégé, mais vous devez encore travailler à boire la
seconde moitié de la tasse, ce qui est accompli en dix étapes.
Alors il faut laver la tasse et la remettre à sa place.

La santé de la terre

Le second bhumi est nommé l'« immaculé », il implique la
shila paramita de la « moralité » ou « discipline ». La pureté
du bodhisattva à laquelle se réfère la shila paramita est fondée
sur l'amitié avec soi-même, l'amour de soi-même. Vous n'êtes
pas une gêne pour vous-même; vous êtes un compagnon
agréable, une inspiration pour vous-même. Vous n'avez pas
à vous contrôler pour éviter les tentations et suivre les règles
ou les lois. Vous trouvez les tentations moins séduisantes et
les garde-fous moins nécessaires, parce que vous adoptez

naturellement les comportements appropriés. Il n'est pas
nécessaire d'essayer d'être pur, d'appliquer du détergent à
votre condition naturelle. Le caractère impeccable ou immaculé du second bhumi est réalisé lorsque vous reconnaissez
votre pureté naturelle.

C'est comme le fait de se sentir naturellement chez soi dans
un lieu propre et ordonné. Vous n'avez pas à essayer de vous
y adapter; si vous essayez de vous y adapter, vous devenez
rigide et vous créez le chaos. Aussi la moralité du bodhisattva
est-elle un processus naturel. L'action malhabile devient déplacée. Le bodhisattva tire sa joie du travail avec autrui, plutôt
qu'il ne considère l'action compatissante comme un devoir. Il
n'affirme aucun dogme concernant la façon dont il devrait
agir, ou ce qu'il attend d'autrui. Il n'essaie pas de réformer ou
de transformer les autres parce qu'ils ne correspondent pas à
son modèle. Si les gens sont déterminés à fixer les autres dans
leur moule, c'est qu'ils tâchent de se rassurer en utilisant les
convertis pour apaiser leurs doutes. Le bodhisattva ne se
préoccupe pas de convertir; il respecte la façon de vivre des
autres, il parle leur langage et les laisse évoluer conformément à leur nature plutôt que de vouloir en faire des répliques
de lui-même. Il faut être formidablement discipliné pour éviter
le prosélytisme. Le bodhisattva ressentira souvent de fortes
impulsions à dire aux gens comment les choses devraient
être. Mais au lieu de suivre ces impulsions, il les considérera
comme du matériau à travailler, comme une expression de son
insécurité. Il n'a plus besoin de ce genre de renforcement.

Un type de discipline connu comme le « rassemblement
de la vertu » concerne la relation avec les objets physiques.
Bien entraîné dans la méditation shamatha et vipashyana, le
bodhisattva n'aborde pas une tasse de thé en la renversant.
Il la prend, la vide, et la repose avec justesse – sans frivolité.
Le *Bodhicaryavatara* relate que, lorsque le bodhisattva décide
de se reposer et de s'asseoir sur le sol, il ne fait pas de gri-

bouillage dans la poussière. Il n'a nul besoin de se divertir sans cesse. Il est juste assis là. Ce serait pour lui un effort que gribouiller. J'espère que vous ne prendrez pas cela trop au sérieux, au point de croire que, si vous gribouillez, vous n'êtes pas un bodhisattva potentiel. Il s'agit de l'idée que si vous respectez votre environnement, vous en prendrez soin, vous ne le traiterez pas étourdiment. De même qu'un cameraman respecte sa caméra ou un professeur ses livres, de même le bodhisattva respecte la terre. La frivolité lui coûte. Il a un côté « vieux chien », un côté « bison assis » — il est simplement là, précisément, exactement. Il serait frivole de faire un mouvement supplémentaire. Bien sûr, il peut être aussi actif que paisible, mais il ne s'abandonnerait pas à une soudaine explosion d'énergie; il agit délibérément et sainement — et non pas impulsivement.

La discipline du bodhisattva consiste à entretenir une relation juste avec la terre, et avec ses propres sens et son esprit. Il ne se préoccupe pas des phénomènes psychiques ou des autres mondes. Délaisser la terre pour courir après les phénomènes psychiques, cela s'apparente au jeu des enfants qui veulent trouver un trésor au pied des arcs-en-ciel. Nous n'avons pas à nous soucier des plans cosmiques, du monde divin, des pouvoirs psychiques, des anges et des démons. Nous perdrions la trace de l'univers physique dans lequel nous vivons, et cela conduit à la folie. La preuve de la santé du bodhisattva réside dans son attitude à l'égard de la terre. Les autres directions sont des impasses.

Patience

Avant d'examiner le troisième bhumi, je voudrais souligner que les dix étapes du chemin du bodhisattva vers l'illumination devraient être considérées comme des bornes, des repères cartographiques, plutôt que comme des événements à célébrer dans le style des anniversaires et des rites de passage. Aucune médaille n'attend le bodhisattva le long de son chemin. Chaque étape, l'éveil lui-même, s'apparentent aux différents moments de la croissance d'un arbre. Le premier bhumi est une expérience extrêmement spectaculaire, une explosion de joie soudaine, vous réalisez que vous pouvez être généreux et ouvert; mais les bhumis suivants sont moins spectaculaires. Un bhumi se développe jusqu'à son maximum puis, peu à peu, le suivant se profile, vous passez doucement la frontière et vous arrivez au début du bhumi suivant. Il est frivole de se demander à quel bhumi on en est, ou de déployer des efforts en vue d'atteindre les différents niveaux. C'est un processus très doux, très graduel.

La patience, la paramita rattachée au troisième bhumi, renvoie particulièrement à l'idée que le bodhisattva ne désire pas être un bouddha mais préfère travailler avec les êtres vivants pour les sauver de leur confusion. La patience implique également l'héroïsme en ce sens que l'on n'a rien à perdre.

La pratique de méditation liée à la patience est celle d'œuvrer sur le territoire. Il n'y a aucun territoire qui soit le vôtre ou celui d'autrui; tout le monde est dans le *no man's land*. Ne recherchant pas l'éveil dans un but égoïste, vous n'avez nul besoin d'un territoire, aussi votre espace devient-il un jardin public, un terrain commun, une zone neutre. Le *no man's land* est un territoire libre qui n'est pas assujetti aux lois du gouvernement. Vous êtes libre d'y faire ce que vous voulez, personne n'y exige rien, aussi pouvez-vous vous y offrir le luxe d'attendre, d'être patient. L'absence d'obligation nous y délivre du temps, non pas que nous oubliions l'heure, mais nous cessons d'être mus par la nécessité compulsive de l'horaire.

La patience ne signifie pas l'endurance à la douleur, ni la passivité face aux tortionnaires. Le bodhisattva assure sa défense et neutralise ses agresseurs, ce qui est du simple bon sens. Et la défense du bodhisattva revêt d'autant plus de puissance qu'elle n'est ni impulsive ni frivole. La grande puissance du bodhisattva provient de ce que rien ne peut l'ébranler; son action est calme, délibérée, et persévérante. Dès lors qu'il y a de l'espace entre lui et les autres, il ne se sent pas menacé, mais est aux aguets. Il scrute l'environnement en quête de choses à faire. Une prudence à la fois patiente et intelligente s'impose pour opérer dans le *no man's land*. Aussi le bodhisattva peut-il bondir tel un tigre et vous saisir comme une proie qu'il met en pièces. Il n'est pas bloqué par la moralité conventionnelle ou la compassion idiote. Il ne craint pas de subjuguer, détruire ou, au contraire, accueillir ce qui doit être subjugué, détruit ou accueilli.

La patience au sens habituel consiste à être très gentil, à attendre, à réprimer sa mauvaise humeur et son agitation. Si nous attendons quelqu'un, nous fumons, nous lisons, nous faisons les cent pas pour rester calmes. Lorsqu'on nous dit : « Excusez-moi, je suis en retard », nous répondons : « Ce n'est rien. Je ne me suis pas ennuyé, j'ai regardé le paysage et j'ai parlé avec des inconnus. Allons à nos affaires, je suis content que vous soyez ici. » Nous prétendons que le temps ne nous préoccupe pas, alors qu'en réalité nous sommes prisonniers compulsifs des horloges; nos dénégations et notre bonne mine sont pure hypocrisie. De son côté, le bodhisattva, libéré de l'obsession du temps qui passe, peut rester patiemment assis sans avoir le sentiment d'attendre que quelque chose se produise. Le bodhisattva prend son temps, ce qui ne veut pas dire qu'il agisse avec une stérile lenteur. En fait, son action est d'autant plus efficace qu'elle est directe et persévérante. Rien ne le détourne ni ne l'effraie. Il ne se plaint pas, au sens habituel, mais il souligne les problèmes d'organisation ou les défaillances de ses collaborateurs. Il ne gémit pas, mais prend acte de certains faits qui exigent d'être corrigés. Cela semble une excellente stratégie pour l'action, mais, à moins d'être complètement abandonné à la pratique du sentier, il est impossible de manifester ce type de patience.

Tradition

Virya, la paramita du quatrième bhumi, prend sa joie dans un dur travail sur tout ce que nous lui présentons — notre état d'esprit, nos traditions, notre société —, sans prendre parti ni pour ni contre, mais en œuvrant dessus avec un sentiment de joie. Ce n'est pas assez de rejeter superficiellement tous les aspects du monde qui nous entoure. Ce serait trop simpliste de se contenter d'abandonner la morale traditionnelle sous prétexte qu'elle est démodée, comme un vieux vêtement, et de la remplacer par une morale moderne, à la mode, dans le vent. Beaucoup de jeunes gens rejettent d'un bloc la tradition; ils ne peuvent pas la sentir. Ils n'y voient pas la moindre parcelle de vérité. « Je suis malheureux, névrosé, à cause d'eux — mes parents, mes professeurs, les médias, les politiciens, les psychiatres, les capitalistes, les prêtres, les ordinateurs, les scientifiques. » On dénonce le gouvernement, les écoles, les églises, les synagogues, les hôpitaux. Mais il y a un certain malaise dans cette prise de position. Peut-être y a-t-il quelque vérité dans le discours du système, dans sa façon d'agir? — « D'accord, mais s'il y en a, je n'accepterai que ce qui fait sens pour moi, et je rejetterai le reste. Je réinterpréterai la tradition à ma manière. » Nous voulons justifier notre existence comme étant celle d'un être bon, un petit Christ ou un petit Bouddha. Cette tentative consciente de définir notre identité ou notre style de vie est encore une forme de matérialisme spirituel. L'enchantement

qu'exercent sur nous un certain style et une certaine forme
d'autojustification nous permet d'habiller notre rébellion de
couleurs séduisantes.

De son côté, le bodhisattva s'enracine fermement dans les
traditions sociales, mais il ne se sent pas obligé de les suivre.
Il n'a pas peur de sortir des traces, mais il s'écarte de la tradition précisément parce qu'il la connaît extrêmement bien.
La tradition elle-même lui a donné l'inspiration de sortir.
Il convient donc d'entrer dans la tradition, de la comprendre
pleinement, dans ses aspects sages comme dans ses aspects
fous, et de comprendre pourquoi les gens sont hypnotisés
par ses dogmes. Il nous faut connaître la sagesse sous-jacente
au dogme, si elle existe. Alors nous pourrons sainement
nous en écarter.

L'approche traditionnelle de la bonté élimine toute couleur, proscrit tout spectacle. Pour être quelqu'un de « bien »,
vous vous camouflez et vous vous fondez dans un paysage
social; vous devenez blanc. Le blanc est associé à la pureté,
à la propreté, au savoir-vivre, à la présentation. Mais pour
être un citoyen hors pair, vous devez colorer ce fond blanc.
Pour améliorer la société, il faut de la couleur qui contraste
avec le blanc.

Le bodhisattva n'est donc pas lié par le blanc, la loi, la
convention ou la morale traditionnelle. Il ne tuera pourtant
pas sur-le-champ quelqu'un qui l'agresse faiblement, pas plus
qu'il ne fera l'amour à une femme en pleine rue sous prétexte
qu'il a envie d'elle. Dans l'attitude conventionnelle, on hésite
parce que l'on a peur d'être embarrassé ou de commettre
une faute ou de céder à un vice : « Je ne devrais pas, c'est mal. »
Il y a une faible suggestion, et un rejet de cette suggestion,
c'est déprimant : « J'aimerais bien, mais la société, ou ma
conscience, ne me le permet pas. » Mais peut-être y a-t-il plus
que cela dans notre hésitation, peut-être est-ce notre santé
fondamentale qui nous empêche d'agir impulsivement.

La santé se trouve quelque part entre les inhibitions de la morale conventionnelle et le laisser-aller de l'impulsion extrême, dans une zone intermédiaire à vrai dire très floue. Le bodhisattva se réjouit de jouer entre l'hésitation et l'impulsivité – cela est beau à voir –, et cette joie elle-même est une approche de la santé. Joie d'ouvrir nos yeux à la totalité de la situation plutôt que de la cadrer dans tel ou tel point de vue. Le bodhisattva ne cherche pas à rejeter les conventions, à se moquer de tout sous l'effet d'une profonde frustration, à essayer de se faire reconnaître par le monde. Mais il n'est pas davantage braqué sur le dogme, il n'a pas peur, il ne se cache pas et il n'essaie pas de mouler le monde conformément à des idées rigides et à des règlements. Le bodhisattva se réjouit dans les polarités, mais il ne prend le parti d'aucun extrême. Il accepte ce qui est comme étant le message, et il explore toujours plus profondément, de telle sorte que la lutte des polarités devient pour lui une source d'inspiration. Pour être un bon communiste, il faut disposer d'un modèle négatif, ce qui signifie qu'il est nécessaire de comprendre le capitalisme – on tire son inspiration du capitalisme.

La source d'inspiration du bodhisattva est la guerre entre la conscience éveillée et la conscience samsarique : la conscience samsarique est la source d'inspiration de la conscience éveillée. Nous n'avons pas à modifier, à nier ce que nous sommes. Nous pouvons nous servir de ce que nous sommes comme source d'inspiration. Aussi virya, le quatrième bhumi, se plaît-il à travailler dur sur le matériau qui se présente : notre névrose, notre santé, notre culture, notre société. Nous ne forgeons pas de distinctions sectaires ni ne cherchons à afficher notre supériorité, mais nous nous réjouissons dans ce qui est, et travaillons avec cela.

Zen et prajna

La paramita du cinquième bhumi est la conscience panoramique. Cet état méditatif est nommé *dhyana* dans la tradition indienne, *ch'an* dans la tradition chinoise et *zen* dans la
tradition japonaise. Les termes indiquent un état de total
engagement, sans frange ni centre. S'il y a un centre et une
frange, notre état de conscience cesse d'être un engagement
total parce qu'il nous faut rester en liaison avec les deux extré-
mités — il demeure un sentiment de tension entre deux pôles.
Ainsi, le dhyana ou zen est-il une conscience sans observateur. La notion de conscience évoque superficiellement
une observation égocentrique, une connaissance de ce que
l'on fait, de ce que l'on est censé d'être, et de la façon dont il
convient de traiter la situation — ce qui représente un processus fort compliqué. Nous devons exercer un contrôle sur
nous-mêmes et sur la situation, ainsi que sur la façon dont
nous opérons, et sur les répercussions de nos actions. Il y
a tant de choses à contrôler en même temps que nous avons
peur d'en perdre le contrôle! Aussi nous faut-il être extraordinairement alertes et attentifs. Il est très difficile et compliqué d'essayer d'être totalement conscient de cette façon.
La conscience zen est beaucoup plus simple. Le terme
tibétain correspondant est *samten (bsam gtan)* : *sam* signifie
« conscience » et *ten,* « stabiliser ». Aussi samten signifie-t-il
« conscience stable », conscience saine plutôt que névrotique,
il y a très peu de choses à contrôler parce que tout a été
simplifié dans une seule situation. S'il y a de la simplicité et
de l'espace, les actes du bodhisattva, les paramitas — générosité, patience, énergie, discipline, etc. — sont vus comme

des processus distincts. Et si ces processus s'inscrivent dans une situation très ouverte, il n'existe aucun conflit entre les paramitas, qui se combinent et se complètent.

La qualité spacieuse de dhyana, de la « conscience panoramique », insuffle au développement ultérieur de prajna les qualités aiguës, précises, mordantes, de l'espace, représentées par l'atmosphère vive et froide de l'hiver : claire, calme, cristalline. Jusqu'au sixième bhumi, la maturation de prajna, les actions du bodhisattva reflètent des attitudes subtiles. Il n'est pas lui-même encore suffisamment clair et « éveillé » pour voir à travers elles. Prajna dissout toute trace de piété dans l'approche du bodhisattva. Plus question de se montrer extraordinairement compatissant, d'être toujours la personne exigée par la situation, de manifester une douceur sirupeuse, mielleuse et une gentillesse à la fois collante et glissante. Prajna pourfend toute attitude subtile, toute tendance à la vertu ou à la manipulation, toute catégorie figée.

Au fur et à mesure que se développe le processus tranchant de prajna, l'étape suivante, le septième bhumi, commence également à se déployer — *upaya* ou les « moyens subtils », l'application parfaite de la méthode. Dans les premiers bhumis, les actes du bodhisattva — générosité, patience, etc. — étaient certes déjà habiles, mais encore entachés d'un élément de piété, de gratification, de la reconnaissance que la pratique a accompli son rôle. Il subsiste dans les six premiers bhumis une attente très faible, mais fondamentale. Bien sûr, la notion de « ceci et cela » n'est pas aussi lourdement ancrée que chez la plupart des gens, mais en même temps, les névroses du bodhisattva continuent à relever du matérialisme spirituel. Elles sont très douces, très insaisissables, parce que empreintes de non-dualité en même temps que de fausseté. Cela tend à vous rendre très compliqué à ce niveau; plus vous devenez parfait et plus votre imperfection devient subtile. Aussi le développement des moyens subtils signifie-t-il que vous êtes complètement sorti du matérialisme spirituel. Les moyens subtils impliquent le recours à la méthode tranchante de prajna, ainsi qu'un sens accru de l'absence de « moi et cela ». En d'autres termes, la notion de voyage s'estompe avec celle de repère. On est complètement branché sur ce qui se passe à une plus vaste échelle.

Pour développer upaya, il s'agit moins de triompher de quelque chose que de prendre de la confiance — une confiance totale, sans point de référence. Être pleinement habile implique simplement une totale absence d'inhibitions. Nous n'avons pas peur d'être. Nous devons nous accepter en tant que guerriers. Si nous nous reconnaissons comme guerriers, l'entrée est libre, car un guerrier a le courage d'*être,* comme un tigre dans la jungle.

L'approche de l'illumination

La paramita du huitième bhumi est *mönlam (smon lam)* en tibétain, ou *pranidhana* en sanscrit, ce qui signifie littéralement « vœux pieux » ou « meilleurs vœux ». Mönlam désigne l'inspiration, la vision des développements possibles à l'avenir. Il ne s'agit pas de vœux pieux dans le sens ordinaire, de spéculation sur le possible. Cette inspiration d'une plus grande vision se rapporte au futur, à l'aspect de gestation contenu dans le présent, à la qualité enceinte du présent, aux potentialités qui y sont incluses. C'est une approche très réaliste, pour laquelle le présent est la pierre de gué des potentialités à venir.

L'inspiration du huitième bhumi est dérivée de la relation à ce qui est, à ce que nous sommes. Nous sommes encouragés à marcher sur le sentier large et complet du mahayana, à traiter avec le monde à l'échelle cosmique. Notre condition présente englobe le passé et l'avenir.

A ce stade, le bodhisattva est extraordinairement confiant, mais pas de façon égocentrique. Son point de repère n'est pas lui-même mais la totalité des êtres vivants, de telle sorte qu'il perd la trace de « ceci et cela ». Peut-être bien que lui-même et tous les êtres vivants ne forment qu'un seul et même être, aussi ne cherche-t-il plus à savoir qui est qui, ni quoi est quoi — non point sous l'effet d'une foi aveugle ou de la confusion, mais par réalisme, car il ne sert à rien de tracer des frontières. La situation à venir est là et la situation présente est ici, parce qu'il en est ainsi.

La paramita du neuvième bhumi est *bala* en sanscrit, ou *top (stobs)* en tibétain, ce qui signifie « puissance ». Puissance, dans le sens d'une expression accrue de la confiance qui caractérise les moyens habiles. Les moyens habiles impliquent la confiance permettant de s'aventurer au bord de la falaise, et la puissance s'accompagne de la confiance permettant de sauter dans l'abîme. Cela semble une décision très audacieuse, mais comme il n'y a pas de repère, la situation s'avère extraordinairement ordinaire : vous le faites, c'est tout. En un sens, c'est beaucoup plus facile que de préparer une tasse de thé en pleine conscience de soi.

Au début du sentier du bodhisattva, nous avons l'immense joie de réaliser que nous disposons de toutes sortes de richesses et de talents, que nous sommes intégralement des êtres humains. Au-delà, le voyage n'est plus conscient de soi, mais la non-conscience de soi devient un autre type de conscience de soi. Nous nous servons encore de termes de référence, de façon transcendantale, bien sûr, mais nous n'en tâchons pas moins de confirmer notre expérience. Et puis, après le septième bhumi, nous commençons à dépasser cette limite en expérimentant complètement les moyens habiles. Finalement nous n'avons aucun contrôle à effectuer, et il se pourrait bien que nous n'ayons aucun voyage à accomplir. Notre pratique du sentier devient un processus évolutif au sein duquel la puissance commence à se déployer, la puissance complète, la puissance illuminée. Cela nous amène au dixième bhumi, *dharmamegha* ou « nuage du dharma », le développement de la paramita de *yesche (ye shes),* en tibétain, ou *jnana* en sanscrit, c'est-à-dire la sagesse.

La sagesse réalise la non-identification à l'enseignement, au sentier, à la technique. Le bodhisattva cesse de s'identifier au sentier parce qu'il est *devenu* le sentier. Il *est* le sentier. Il a travaillé sur lui-même, il s'est longuement parcouru, jusqu'à devenir lui-même à la fois sentier, monture et cavalier. Il est vision, énergie, moyens habiles, générosité, connaissance, conscience panoramique. Parvenu au dixième bhumi, le bodhisattva est indiciblement puissant et, en même temps, il est sans pouvoir puisqu'il est complètement programmé par la voie du Bouddha. Cela peut paraître paradoxal, mais c'est ainsi.

On raconte l'histoire d'un roi à qui ses devins avaient prédit que dans les sept jours tomberait une pluie dont l'eau rendrait fou. Le roi rassembla et stocka d'énormes quantités d'eau fraîche, de façon à pouvoir garder toute sa tête lorsque tomberait la pluie affolante. Mais il réalisa bientôt qu'il ne pouvait plus communiquer avec ses sujets, parce qu'ils croyaient à la réalité de leur monde dément et parvenaient à fonctionner sans trop de heurts au sein de l'univers créé par leur folie partagée. Aussi, finalement, le roi décida-t-il d'abandonner les réserves d'eau fraîche et de boire l'eau de la folie. C'est là une façon assez décevante de figurer la réalisation de l'illumination, mais c'est une anecdote très puissante. Lorsque nous décidons de boire l'eau de la folie, nous perdons tous nos repères. De ce point de vue, l'illumination totale est la folie totale. Mais il reste un roi avec ses sujets, et ensemble ils font tourner le monde. Faire tourner le monde devient l'expression de la santé mentale puisqu'il n'existe plus de repères à combattre. Il y a quelque chose de logique dans l'ensemble du processus bodhisattvique, mais également quelque chose d'extraordinairement illogique.

Vajradhara. Le Bouddha se manifeste comme Vajradhara pour exposer les enseignements du tantra. C'est aussi le suprême bouddha exprimant la totalité de l'univers comme non-né et sans origine. L'instructeur personnel de l'adepte du tantra est identifié à Vajradhara. Ce dernier est la source de plusieurs lignées importantes du bouddhisme tibétain.

7

Dévotion

Abandon

Au départ, la dévotion est inspirée par un sentiment d'ina-déquation. Nous commençons à réaliser que nous ne nous en sortons pas avec la vie ou bien que notre existence est pleine de confusion. Même les petits phares que nous avons peut-être disposés au sein de notre obscurité semblent très vulnérables. Ainsi, au stade du hinayana, la dévotion pro-vient-elle d'un sentiment de pauvreté. Nous prenons refuge dans le bouddha, le dharma et la sangha parce que nous nous sentons piégés par les problèmes de la vie. Nous avons échoué dans notre construction d'un nid confortable. Nous voulons changer notre monde claustrophobique et douloureux.

On pourra dire que certains parviennent au sentier sous l'effet d'inspirations plus positives. Un rêve, une vision, une profonde pensée, les a peut-être incités à pousser plus avant la recherche. Ou bien ils ont eu les moyens de s'envoler en Inde, ou suffisamment de charme et de courage pour s'y rendre en stop. Quoi d'étonnant qu'ils aient en quantité des expériences exotiques et excitantes? Le citadin coincé dans la ville trouvera peut-être que c'est un voyage enrichis-sant et héroïque. Mais les adeptes du voyage en Orient conti-nuent, à vrai dire, d'entretenir une mentalité de pauvreté. Quoique leur inspiration initiale ait pu être expansive, ils ne savent pas toujours très bien comment aborder les enseignements. Ils trouvent que c'est une nourriture trop précieuse, trop riche pour la digestion. Ils ne sont pas sûrs d'être capables de maîtriser une discipline spirituelle. Plus ils se sentent mal branchés et plus ils deviennent empreints de dévotion. Une telle dévotion implique fondamentalement que l'on en valorise l'objet. Plus on se sent pauvre et plus le maître spirituel semble riche par contraste. Et au fur et à mesure que croît l'écart entre ce que l'on détient et ce qu'il possède, la dévotion grandit. On souhaite de plus en plus donner quelque chose au gourou.

Mais que voulez-vous en retour? C'est le problème. « Je voudrais être sauvé pour connaître le bonheur. Je souhaiterais me sentir glorieux, fantastique, bon, créateur. J'aimerais être semblable à mon gourou. Je veux incorporer à ma personnalité ses admirables qualités. Je veux enrichir mon ego. Je veux fournir de l'information à mon système pour pouvoir mieux me diriger. » Vous pourriez aussi bien demander : « Peut-être est-il possible de transplanter dans ma poitrine le Cœur de la Grande Sagesse? Peut-être puis-je changer de cerveau? » Mais avant de vous abandonner complètement à un gourou, vous devriez être très soupçonneux à l'égard des raisons d'un tel abandon. Que cherchez-vous réellement?

Peut-être irez-vous voir un ami spirituel pour lui annoncer votre intention de vous abandonner à lui. « Je me consacre à votre cause que j'aime énormément. Je vous aime et j'aime vos enseignements. Où dois-je signer? N'y a-t-il pas un formulaire à remplir? » Mais l'ami ne vous présente aucun formulaire à remplir. Vous vous sentirez mal à l'aise. « Si c'est une organisation, pourquoi n'y a-t-il pas un endroit où je puisse inscrire mon nom, et prouver par là que je suis affilié? Ils ont une discipline, une morale, une philosophie, mais pas de place pour ma signature. » « En ce qui concerne l'organisation, elle n'a pas besoin de connaître votre nom. Votre engagement

nous importe plus que votre signature. » Vous serez peut-être
troublé de ne recevoir aucune pièce justificative. « Désolés,
nous n'avons besoin ni de votre nom ni de vos coordonnées.
Simplement, venez pratiquer. »

Tel est le point de départ de la dévotion — faire confiance
à une situation dans laquelle on est dépourvu de pièces d'identité, de justifications et d'accusés de réception. On abandonne,
c'est tout. Et pourquoi faudrait-il que nous connaissions l'auteur de l'abandon, son identité, ses lettres de créance? Tout le
monde saute dans une gigantesque marmite. Peu importe
quand et comment vous sautez, tôt ou tard vous devez le faire.
L'eau est bouillante, et le feu entretenu. Vous devenez partie
intégrante d'un immense bouillon. Le commencement de la
dévotion consiste à démanteler vos références — à décolorer,
dépersonnaliser votre individualité. La fonction de l'abandon
est de rendre tout gris — pas blanc ni bleu —, gris pur. L'enseignement exige que tout le monde soit jeté dans la grande marmite. Vous ne pouvez pas vous rebiffer et dire : « Je suis un
oignon, je devrais avoir un meilleur arôme. » — « Restez là où
vous êtes, avec les autres légumes. » — « Je suis une carotte,
est-ce qu'on ne remarque pas ma couleur orangée? » — « Vous
serez moins coloré quand vous aurez un peu mijoté. »

A ce moment, vous vous direz peut-être : « Il m'enseigne à
aborder avec circonspection le sentier spirituel, mais qu'en est-il
de lui? Comment savoir si ce qu'il dit est vrai? » C'est impossible, il n'y a aucune police d'assurance. En fait, vous avez
toutes les raisons de vous méfier de moi au plus haut point.
Vous n'avez jamais rencontré Bouddha. Vous n'avez fait que
lire des livres que d'autres ont écrit sur ce qu'il a dit. En sup-
posant que Bouddha connaissait la vérité, ce qui, bien sûr,
reste à prouver, rien ne nous garantit que son message a été
correctement et intégralement transmis de génération en
génération. Peut-être y a-t-il eu quelqu'un pour mal le
comprendre et le déformer. Alors le message que vous recevez

serait subtilement mais fondamentalement faux. Comment être sûr que ce que vous entendez est vraiment fiable? Peut-être êtes-vous impliqué dans une opération frauduleuse. Il n'existe aucune réponse à de tels doutes, aucune autorité n'est fiable. En dernier recours, nous ne pouvons nous fier qu'à notre intelligence fondamentale.

Dès lors qu'au moins vous considérez la possibilité d'ajouter foi à mes paroles, je vais continuer en vous suggérant certaines lignes de conduite permettant de déterminer si votre relation à un précepteur spirituel est authentique. Votre premier mouvement sera peut-être de rechercher un être illuminé à cent pour cent, un individu reconnu par les autorités, une célébrité qui a aidé des gens que vous connaissez. Le problème réside alors dans la difficulté de comprendre les qualités que devrait posséder un être illuminé. Nous avons des idées préconçues sur ce sujet, mais qu'en est-il réellement? Le choix d'un ami spirituel devrait être fondé sur une expérience personnelle, plutôt que sur son adéquation à nos idées préconçues. Une transmission correcte exige une amitié intime, un contact direct avec l'ami spirituel. Si nous considérons le gourou comme le détenteur d'une connaissance supérieure, comme quelqu'un qui fait preuve d'une extrême compassion en faisant vraiment attention à nous, la transmission est bloquée. Si nous avons l'impression d'être une misérable petite personne à qui l'on fait don d'un bol en or, nous sommes submergé par le cadeau, et ne savons qu'en faire. Le présent reçu devient un fardeau parce que la relation est elle-même lourde et maladroite.

Une amitié authentique entre le maître spirituel et l'étudiant se caractérise par une communication totale et directe nommée « rencontre des deux esprits ». L'ami s'ouvre et vous vous ouvrez; vous êtes tous deux dans le même espace. Pour que votre amitié soit complète, il faut qu'il sache ce que vous êtes, qu'il connaisse votre façon d'être. C'est précisément ce

que vous lui révélez dans l'abandon. Si votre geste est maladroit ou vos mains sales quand vous lui serrez la main, vous
n'avez pas à avoir honte. Présentez-vous simplement tel que
vous êtes. L'abandon présente un portrait psychologique
complet de vous-même à votre ami, y compris tous vos traits
négatifs, névrotiques. Lorsque vous rencontrez votre maître
il ne s'agit pas de faire impression sur lui pour qu'il vous donne
quelque chose, mais simplement de présenter ce que vous
êtes. Cela ressemble à la relation médecin/malade. Vous devez
dire à votre docteur ce qui ne va pas, lui exposer vos symp-
tômes. Si vous ne lui en cachez aucun, il pourra vous aider
dans toute la mesure du possible. Tandis que si vous essayez
de cacher votre mal, de lui présenter une façade de parfaite
santé, comme quelqu'un qui n'a besoin d'aucun soin, il est
évident qu'il ne va guère vous aider. Aussi, d'entrée de jeu,
la dévotion exige-t-elle que vous soyez ce que vous êtes, que
vous vous partagiez avec un ami spirituel.

L'ami spirituel

Dans l'approche bouddhiste hinayana de la dévotion, vous
êtes confus, vous avez besoin d'entrer en rapport avec un
modèle de santé, avec un être humain sensible qui, du fait de
sa pratique de la discipline et de l'étude, voit le monde clairement. Vous êtes comme un individu en proie à un va-et-vient
d'hallucinations, vous cherchez quelqu'un qui puisse distin-
guer à votre place la réalité et l'illusion. En ce sens, celui que
vous cherchez doit être comme un parent éduquant un
enfant. Mais c'est le type de parent ouvert à la communication. Et, comme un parent, il semble n'être qu'un humain ordinaire qui a grandi en traversant nombre de difficultés et qui

partage vos soucis et vos besoins physiques communs. Les hinayanistes voient Bouddha comme un être humain ordinaire, un fils d'homme parvenu à l'illumination à force d'une immense persévérance, mais encore pourvu d'un corps et susceptible de partager l'expérience de la condition humaine.

Contrastant avec la vision hinayana du maître spirituel comme figure parentale, les mahayanistes le considèrent comme un ami — *kalyanamitra* en sanscrit, ce qui signifie littéralement « ami spirituel » ou « compagnon dans la vertu ». La vertu est entendue ici au sens de richesse inhérente, de sol engraissé par la décomposition du fumier névrotique. Vous recelez de formidables potentialités, vous êtes mûr, vous sentez comme un fromage bleu complètement fait, vous embaumez l'air à des kilomètres à la ronde. La dévotion opère la reconnaissance de ces potentialités par le maître comme par l'étudiant. L'étudiant ressemble à un adolescent manifestement pétri de talent, mais ignorant des manières du monde. Il a besoin d'un maître qui lui enseigne à se comporter, qui lui apprenne à développer ses dons. Il ne cesse de gaffer par inexpérience, aussi faut-il le superviser de près. Au niveau du mahayana, l'ami spirituel paraît détenir beaucoup plus de puissance et de compréhension que vous. Il maîtrise toutes sortes de disciplines et de techniques, et connaît admirablement bien le maniement des situations. Il est semblable à un médecin très compétent qui connaît le remède à votre mal spirituel chronique, à vos bévues continuelles.

Au niveau du mahayana, vous n'êtes pas troublé par la question de savoir si votre monde est réel : « Enfin j'ai trouvé un terrain solide, une assise solide. J'ai découvert la signification de la réalité. « Nous commençons à nous détendre et à nous sentir à l'aise. Nous avons découvert ce qui est comestible. Mais qu'allons-nous manger ? Mangerons-nous sans discrimination tout ce qui se présente ? Attention aux maux d'estomac si nous combinons mal les aliments. Accueillons à cet égard les suggestions de notre ami spirituel; il commence à s'occuper beaucoup de nos affaires. Il a peut-être commencé par se montrer aimable et gentil, mais cela n'empêche pas que rien ne lui échappe; il voit jusque dans les recoins les plus intimes. Plus nous dissimulons, et plus il pénètre nos masques. Cela ne signifie pas forcément qu'il est extrêmement éveillé ou qu'il lit dans notre esprit. Plutôt, notre désir paranoïaque de l'impressionner ou de l'éviter rend notre névrose plus transparente. La couverture elle-même est transparente. Le maître agit comme un miroir, ce qui nous paraît inconfortable et irritant. Peut-être aurez-vous l'impression qu'il vous provoque au lieu d'essayer de vous aider, parfois même avec quelque sadisme. Mais une telle ouverture submergeante est la réelle amitié.

L'amitié implique une relation juvénile et stimulante dans laquelle l'ami spirituel est votre amant. Un amant conventionnel rencontre votre passion physique et vous reconnaît en faisant l'amour avec vous. Un autre type d'amant vous admirera de façon générale. Il ne fera pas nécessairement l'amour avec vous de façon physique, mais il reconnaîtra, il comprendra votre beauté, votre flair, votre séduction. En ce qui concerne l'ami spirituel, il est votre amant en ce sens qu'il souhaite communiquer avec votre côté grotesque aussi bien qu'avec votre beauté. Un tel type de communication est très dangereux et très douloureux, et vous ne savez trop comment vous y prendre.

Votre ami est outrageusement déraisonnable de tant s'occuper de vos affaires. Il se soucie de votre façon de dire bonjour, d'entrer dans sa chambre, et ainsi de suite. Vous voulez qu'il sorte de votre territoire; il en fait trop. « Ne jouez pas avec moi lorsque je suis faible et vulnérable. » Et, même si vous vous sentez fort lorsque vous le voyez, vous avez coutume de vouloir l'amener à reconnaître cette force, ce qui est une autre faiblesse. Dans les deux cas vous recherchez une confirmation.

Il semble invulnérable, vous vous sentez menacé. C'est comme un superbe train qui foncerait sur vous, inexorablement. Ou bien il ressemble à un sabre antique bien aiguisé sur le point de vous frapper. Vous appréciez certes la poigne de l'ami spirituel, mais elle vous irrite au suprême degré. Son style est extrêmement puissant, mais tellement impeccable, tellement juste que vous ne pouvez l'affronter. Cela est la dévotion. Son style vous enthousiasme et vous terrifie à la fois. Il est superbe, et il va vous écraser, vous mettre en pièces. La dévotion dans ce cas implique trop d'acuité pour qu'il soit possible d'implorer la pitié du maître en plaidant que vous êtes une misérable et gentille petite personne, totalement dévouée à lui, qui se prosterne sans cesse devant sa face et lui baise les pieds.

Ce genre de baratin est inefficace dans une telle situation. Toute l'affaire est menée sans douceur. La fonction réelle d'un ami spirituel est de vous insulter.

Le grand guerrier

Tout au long de votre cheminement sur le sentier du mahayana, l'ami spirituel était semblable à un médecin. Au début, votre relation était sympathique, amicale, prévisible. Lorsque vous rendiez visite à votre ami, il prenait toujours le même siège et vous offrait la même tasse de thé. Il faisait tout précisément, et il fallait agir semblablement avec lui; si vous étiez imprécis, il vous le faisait remarquer. Ou bien vous aviez un ami qui faisait toutes sortes de folies, mais ce style était également prévisible. Vous pouviez même vous attendre à ce qu'il vous provoque si vous agissiez de façon trop prévisible. Dans l'un et l'autre cas, vous aviez peur que le gourou change de style, qu'il devienne vraiment imprévisible. Vous préfériez maintenir une manière de communiquer douce, belle et paisible. Vous étiez très à l'aise, confiant dans la situation, vous pouviez vous y consacrer totalement, vous absorber en elle — comme lorsqu'on regarde tourner les roues d'une locomotive : leur mouvement est toujours prévisible. Vous aviez l'espoir que votre ami serait toujours aussi gentil et noble à votre égard.

Mais, tôt ou tard, ce type de relation devient stagnante; cela est trop facile et doit être pourfendu. Votre ami spirituel prendra votre siège ou vous offrira de la bière à la place du thé. Vous êtes empli de confusion, vous avez l'impression que le sol se dérobe sous vos pieds. La régularité et la prévisibilité de votre relation sont menacées. C'est ainsi que l'ami spirituel se transmue en maître de folle sagesse. Il se comporte de façon inattendue et la tranquillité de l'atmosphère est perturbée, ce qui est très douloureux. Le médecin devient sauvage, cela est terrifiant. Nous ne voulons pas faire confiance à un médecin ou à un chirurgien sauvage. Pourtant il le faut. Nos parents nous ont élevés, notre médecin nous a soignés, et maintenant nous devons devenir des adultes, de véritables grandes personnes prêtes à affronter le monde. Il nous faut devenir des apprentis guerriers. A ce stade, la dévotion implique que l'on sache s'accommoder des traits que l'ami spirituel nous décoche.

Il vous faut apprendre à croire dans les mystères, dans l'aspect mystique de l'art de la guerre. Dans le vajrayana, la guerre n'est pas considérer comme un combat tendu vers la victoire, mais comme une occupation. Le gourou est l'archétype du guerrier qui connaît la guerre et la paix. C'est un grand guerrier, familier avec les mystères et l'aspect mystique du monde. Il sait comment fonctionne le monde, comment surviennent les situations, et comment elles peuvent nous duper. La dévotion au gourou se développe en même temps que l'on

réalise la formidable difficulté à trouver son chemin au milieu
de la bataille. Vous avez besoin de l'enseignement d'un maître
guerrier. La guerre exige un courage fondamental dans
l'abord des situations, une volonté de se battre avec elles,
et une disposition à croire au mystère de la vie.

Le gourou dispose de la capacité fantastique de provoquer
en même temps votre développement et votre destruction,
parce qu'il communique avec le monde réel qui, à son tour,
communique avec vous de façon positive ou négative. C'est
l'un des mystères. Les gens parlent de magie ou de miracle,
mais je ne pense pas que nous le comprenions véritablement.
L'idée commune de la magie est un rêve de bandes dessinées — l'homme de la rue se transformant en surhomme. Mais
un gourou ne vous fera pas faire une culbute, il ne vous main-
tiendra pas en lévitation. Il n'a pas le pouvoir mystique de vous
voir en même temps comme un vieillard et comme un enfant.
Et il n'a pas non plus le pouvoir de vous changer temporai-
rement en reptile pour vous obliger à lui confesser vos péchés
avant de vous rendre votre forme humaine. Bien entendu,
les gens aimeraient détenir de tels pouvoirs. Ce serait formidablement excitant. « J'aimerais pouvoir changer cette personne en punaise pour l'écraser du pied. » Nous avons lu trop
de bandes dessinées. La puissance mystique ne peut s'exprimer
que dans une relation extraordinairement directe avec ce qui
se passe, avec la réalité. Sans la compassion, rien ne peut
survenir. On ne peut conquérir le monde si l'on recherche la
victoire. Nous devons ressentir la relation qui nous unit au
monde. Sinon, elle demeure imaginaire, fondée sur une fausse
dévotion au gourou.

Vous devez avoir une relation très directe et personnelle
avec le gourou. Vous donneriez un milliard à votre cher ami
spirituel que ce ne serait pas assez. Il faut lui donner votre
ego. Le maître doit recevoir votre jus, votre fluide vital. Ce
n'est pas assez de lui donner vos plumes ou vos cheveux ou

vos ongles. Il vous faut abandonner votre vraie moelle, la partie juteuse. Même si vous donnez quelque chose qui vous appartient — votre voiture, vos vêtements, votre maison, vos verres de contact, votre dentier —, cela ne peut suffire. Pourquoi ne pas vous donner vous-même, vous qui possédez toutes ces choses? Vous continuez à hésiter. C'est très maladroit. Dans le vajrayana en particulier, les maîtres s'attendent à ce que vous vous donniez — ce n'est pas assez de vous dépouiller de votre peau et de votre chair, de vous désosser et d'extraire votre cœur. Que vous reste-t-il à donner? Le plus beau des cadeaux.

Nous pourrions nous enorgueillir d'avoir donné l'un de nos doigts au gourou : « Je me suis coupé une oreille pour la lui donner » ou « Je me suis coupé le nez pour exprimer ma dévotion à son égard. J'espère qu'il va l'accepter, et le prendre comme un gage du sérieux de mon entreprise. Et je souhaite qu'il prise ce qui, pour moi, représente tant. » Pour le maître de la folle sagesse, un tel sacrifice est dépourvu de sens. Dans le vajrayana, le renoncement est quelque chose de beaucoup plus douloureux, puissant et intime. C'est un problème de communication totale; si vous retenez quelque chose, votre relation sera fausse et incomplète, et vous-même et votre gourou le saurez.

Engagement

Le maître de la folle sagesse détient une formidable puissance — puissance de la transformation, pouvoir du développement, comme aussi du rejet mortel qui pourrait vous détruire. Le gourou, dit-on, est comparable au feu : si l'on s'en approche trop on se brûle, si l'on s'en écarte trop on a froid.

Il faut garder une distance raisonnable. On se rapproche trop lorsqu'on cherche à faire reconnaître la valeur et le sérieux de ses propres névroses, lorsqu'on voudrait bien les inclure dans le contrat d'union spirituelle entre maître et disciple. Mais un tel marché n'est pas réalisable car le gourou ne signe aucun contrat.

Nous avons le malheur de souvent considérer la dévotion comme une relation où prévalent la sécurité, le plaisir et l'harmonie, presque comme dans le mariage. Mais dans la relation dévotionnelle, il est douteux qu'un tel climat se maintienne. Vous souhaiteriez la garder secrète pour le cas d'un échec. Le maître et les enseignements sont encore entourés d'une vaste aura de mystère. Vous ne faites pas tant d'histoires avec votre conjoint ou votre conjointe. Chacun connaît le terrain et les habitudes de l'autre, et commence à soupçonner la possibilité de l'ennui. Dans le cas des enseignements, en revanche, l'ennui n'est pas à craindre, mais bien plus l'énorme possibilité de danger ou d'échec. Lorsque de tels doutes surviennent, on s'abandonne plus encore, en une foi toujours plus aveugle, et l'on consacre derechef son énergie à l'inconnu. Bien que ce soit l'inconnu, il est sans risque, puisque vous êtes du côté du bien, ou de Dieu, prêt à combattre ses ennemis, le vice, le diable, ou quoi que ce soit. N'avez-vous pas partie liée avec le bien? « Lorsque ma dévotion sera suffisante, le maître m'acceptera et me libérera. » C'est un grand problème.

Nous ne réalisons pas que le courroux de la bonté est terriblement puissant. Il pourrait nous foudroyer à tout moment. Nous pourrions être frappés par une petite tromperie quelconque. Pour vous, ce n'est peut-être qu'une façon de parler, mais en réalité, il semble que c'est beaucoup plus que cela. On peut jouer avec le fisc pour les impôts lorsqu'on a une contravention à payer, mais ce n'est pas si facile avec la spiritualité. Les situations sont beaucoup plus subtiles, aiguës, immédiates, sensibles. Lorsque l'esprit se branche sur des situations subtiles, les conséquences également deviennent subtiles et nous croyons pouvoir bénéficier d'un subtil plaisir en faisant l'économie de la souffrance subtile. Mais, agréables ou douloureux, les messages sont également puissants.

J'essaie ici de dire que la dévotion à un maître implique de formidables effets. Il est même dangereux pour vous de lire ceci. Vous vous abandonnez, vous prenez en toute conscience une espèce d'engagement. Et, si vous allez jusqu'à vous considérer comme un étudiant de la spiritualité, alors vous n'avez plus seulement partie liée avec la bonté des enseignements, vous vous enracinez également dans leur sol. A chaque fois que vous joignez les mains et vous inclinez, le maître authentifie votre engagement, à chaque fois que vous allumez des bougies ou de l'encens sur un autel, ou que vous vous asseyez dans une salle de méditation, vous vous enracinez plus profondément. Cela est analogue à la plantation d'un arbre. A chaque arrosage, les racines s'enfoncent un peu plus dans la terre. On a tendance à considérer que la dévotion est sans conséquences. On s'incline, et l'on a ce que l'on désire. Si l'on n'obtient rien, on peut toujours s'en aller. Mais il n'en est pas ainsi. Chaque courbette renforce le cordon ombilical. Vous vous enracinez dans l'enseignement, vous accroissez la dette que vous devrez rembourser à tous les êtres vivants. C'est extraordinairement exigeant. Si vous ne comprenez pas cela, c'est comme de dire : « Je fais une faveur à ce propriétaire en emménageant chez lui et en signant un bail. Je lui rends service; c'est pour lui faire gagner de l'argent. » Mais vous ne réalisez pas la conséquence, l'obligation de payer un loyer pendant toute la durée du bail. Cela ressortit à une logique commune et ordinaire.

Même si vous essayez de vous dégager de la relation, il en restera quelque lien; vous ne pouvez pas complètement défaire votre passé. Vous ne pouvez pas vraiment partir sans être touché. Dans ce sens, c'est un traquenard affreux, quelque chose qui nous hante terriblement. Soyez donc conscients de ce que vous faites.

L'universalité du gourou

La discipline marche de pair avec la dévotion. Chacune importe à l'autre. On pourrait les comparer aux deux ailes d'un oiseau. Sans elles, aucune relation ne peut s'instaurer avec l'ami spirituel, le maître, le guerrier. Sans ami spirituel, il n'existe aucun moyen de réaliser les enseignements. Sans enseignement, il est impossible de développer la santé fondamentale. Et sans la santé fondamentale, il n'y a ni voyage, ni mouvement, ni énergie créatrice.

L'un des problèmes de la recherche spirituelle est que nous avons tendance à considérer que nous pouvons nous aider nous-même à force de lectures et de pratique solitaire, sans nous affilier à une lignée particulière. Sans maître à qui s'abandonner, sans objet de dévotion, on ne peut se libérer du matérialisme spirituel.

Il importe d'abord de développer suffisamment de dévotion pour pouvoir nous déposséder de notre ego. La dévotion consiste à désapprendre. Sans dévotion ni abandon, nous ne pouvons désapprendre. Bien sûr, on pourrait dire que, parfois, même une amitié spirituelle est susceptible d'engendrer du matérialisme spirituel. Mais cela dépend des qualités de l'ami et de la communication instaurée par l'étudiant, selon que le contact est bien établi ou non. Il arrive que la rencontre d'un maître spirituel et d'une personne également très évoluée, mais à l'état embryonnaire, ne donne rien. Il faut que leur relation chimique produise une étincelle.

Chacune des approches de la dévotion dont nous avons parlé a sa place. Nous ne pouvons commencer immédiatement par la démarche dévotionnelle du vajrayana. Ce serait suicidaire. Comme un petit enfant qui voudrait imiter un adulte. Les différents styles de dévotion ne sont pas seulement les étapes d'un développement progressif. Ce sont aussi différents aspects de chaque étape du développement. D'un moment à l'autre, vous pouvez avoir besoin d'une figure parentale, puis d'un médecin, enfin d'un encouragement de guerrier.

Il nous faut néanmoins commencer par la version hinayana de la dévotion, qui contient des éléments de la sympathie de l'approche mahayana et de la bravoure de l'approche vajrayana. Mais les actes extérieurs sont, de façon prédominante, hinayanistes. Chaque étape le long du sentier comporte ses thèmes dominants. L'approche hinayana de la dévotion est, avant tout, une relation simple avec l'ami spirituel, une relation humaine. L'ami spirituel n'est pas considéré comme un dieu, un saint ou un ange, mais comme un être humain qui s'est soumis à une discipline et à un apprentissage formidables. On peut s'identifier à cette personne parce que l'on peut communiquer avec elle. Ce n'est pas un extra-terrestre jouant les terriens mais un fils d'homme qui a grandi dans ce monde, rencontré toutes sortes de difficultés, réussi à comprendre les enseignements, et accompli des choses immenses. Il est possible de communiquer avec une telle personne sans fantasmer mille espèces de mystères.

L'approche hinayaniste est très terre à terre : vous communiquez avec un être humain, qui, en plus, est réalisé. Du point de vue mahayaniste, cette personne a atteint un degré si élevé de réalisation qu'elle est extraordinairement en prise sur les événements de la vie quotidienne. Constamment et parfaitement consciente, aucun détail ne lui échappe. Elle a développé une capacité de compassion extrêmement puissante, qui la rend à même d'exister à travers votre négativité. Votre cheminement sur le sentier spirituel peut ne paraître qu'une grande plaisanterie à votre ami. Il se peut que vous agissiez de la façon la plus confuse et la plus absurde. Néanmoins voici quelqu'un qui ne désespère jamais de vous. Il vous accepte et traverse les problèmes irritants que vous créez. Il est terriblement patient avec vous. Lorsque vous faites une erreur, il vous apprend à la corriger. Mais vous retombez ou comprenez de travers, ce qui provoque de nouvelles erreurs. Vous retournez voir l'ami spirituel et il vous dit : « A la bonne heure! Nous pouvons encore travailler ensemble, mais maintenant, essayez plutôt ce projet. » Et vous essayez à nouveau. Au départ, vous êtes plein d'énergie et de confiance en vous. Quelques jours passent, et déjà vous en avez plus qu'assez. Vous trouvez autre chose pour vous divertir. Peut-être l'ami spirituel vous a-t-il enjoint de pratiquer intensément la méditation sans chercher à vous livrer à la lecture, mais vous vous retrouvez soudain avec un livre sur les genoux et ne pouvez faire autrement que de le lire. Il semble d'ailleurs faire également partie des enseignements. Lorsque vous retournez voir l'ami spirituel, vous lui dites : « J'ai suivi vos instructions, mais ce livre a sauté sur mes genoux, et je n'ai pu m'empêcher de le lire. » On vous répond alors : « C'est très bien. En avez-vous tiré quelque chose? Si tel est le cas, lisez ce livre, et tâchez d'accueillir dans toute sa profondeur le message de l'auteur. » Vous retournez donc lire le livre, mais, assez rapidement, la lecture vous fatigue. C'est le printemps. Les fleurs, les arbres, la nature entière sont en fête; irrésistiblement, ils vous appellent à laisser votre livre de côté et à faire une promenade, en tirant du plaisir de la beauté de la nature et de cet état « méditatif ». Il est très difficile de suivre la discipline, et vous créez constamment des détours en ne réalisant pas que vous vous écartez du chemin. Le problème n'est pas que vous désobéissiez à votre ami spirituel.

En fait, le problème consiste dans votre excès de sérieux, qui vous fait vous égarer. Aussi faut-il une formidable patience à votre ami spirituel pour travailler avec vous en dépit de vos allées et venues dans et hors de la discipline, et malgré votre frivolité.

Un bodhisattva est comme un crocodile : une fois qu'il vous tient, il ne vous lâche plus. Si vous vouliez quitter votre ami spirituel et vous libérer de vos engagements, il vous dirait : « C'est parfait! Faites ce que vous voulez. Allez-y, partez! » En approuvant votre départ, il supprime l'objet de votre révolte; alors, au lieu de partir, vous vous rapprochez. C'est une situation de réciprocité : le gourou est intensément dévoué à l'étudiant; aussi la dévotion commence-t-elle à s'éveiller chez ce dernier, même s'il est stupide et dense, encombré par toutes sortes de problèmes. La dévotion du maître envers l'étudiant prend la forme de la compassion, tandis que celle de l'étudiant envers le maître prend celle de la discipline. Aussi compassion et discipline commencent-elles tôt ou tard à se rencontrer.

Puis nous parvenons au type vajrayana de la dévotion, dans lequel vous avez abandonné la fascination. Vous vous êtes identifié au chemin, et le monde phénoménal devient une expression du gourou. Il y a un sentiment de dévotion à l'égard du monde phénoménal. Finalement, vous vous identifiez aux enseignements et vous agissez parfois comme leur porte-parole. Même pour votre subconscient vous agissez comme porte-parole. Si nous sommes capables d'atteindre ce niveau, tous les événements de la vie quotidienne deviennent porteurs de messages, d'enseignements. Les enseignements sont partout. Il ne s'agit pas d'une notion simpliste de magie, il n'y a ni truc ni illusionnisme; mais vous vous trouvez dans une situation très étonnante, interprétable en termes de magie. Les causes et les effets sont impliqués. Les événements de votre vie agissent constamment comme porte-parole, et il n'est nul moyen d'échapper à ce gourou; vous n'avez au demeurant aucun désir de fuir puisque vous vous identifiez à cela. Les enseignements deviennent claustrophobiques, et vous devenez capable de découvrir la qualité magique des situations de l'existence comme enseignements.

On considère généralement que la dévotion provient du cœur plutôt que de la tête. Mais la dévotion tantrique engage la tête aussi bien que le cœur. Le *Livre tibétain des morts,* par exemple, utilise le symbolisme des divinités paisibles provenant du cœur et des divinités irritées provenant de la tête. L'approche vajrayana de la dévotion réunit la tête et le cœur, alors que celles du hinayana et du mahayana proviennent du cœur. L'approche tantrique de la vie a ceci d'intellectuel que l'on commence à déceler les implications cachées derrière les phénomènes. On commence à recevoir des messages qui nous éveillent. Mais, en même temps, loin d'être fondé sur une simple spéculation, cet intellect est senti de tout cœur, à cent pour cent. Aussi peut-on dire que l'approche tantrique des messages du gourou omnipénétrant passe par l'intellect, qui est transmuté en intellect adamantin, ou intellect-vajra, ce qui allume simultanément l'intuition du cœur.

Telle est l'union idéale et fondamentale de prajna et de shunyata, l'union des yeux et du cœur. Les événements quotidiens deviennent des enseignements auto-existants. La notion de confiance elle-même s'avère dès lors inadéquate. Qui a confiance? Personne! La confiance se fie à elle-même. Le mandala de l'énergie existant par elle-même n'a besoin d'aucun support : il se soutient lui-même. L'espace n'a ni centre ni frange; chaque coin de l'espace est centre aussi bien que frange. Dans la dévotion omnipénétrante, le dévot n'est plus séparé de l'objet de sa dévotion.

Mais plutôt que de nous complaire dans un discours aussi mystique et excitant, il nous faut commencer très simplement par abandonner, ouvrir et déployer notre ego, par donner cet ego à notre ami spirituel. Si nous en sommes incapables, alors le sentier ne commence jamais parce qu'il n'y a personne pour y cheminer. L'enseignement existe, au pratiquant de le reconnaître et de l'incarner.

Mandala des cinq sagesses-de-bouddha. Les cinq sagesses expriment les caractéristiques fondamentales de la perception du monde phénoménal par la conscience illuminée, ainsi que de ses manifestations au sein de ce monde. Ce sont : la sagesse de l'espace qui embrasse tout, la sagesse semblable au miroir, la sagesse de l'équanimité, la sagesse discriminante et la sagesse accomplissant toutes les actions.

8

Tantra

Solitude

Le sentier spirituel n'est pas une partie de plaisir — mieux vaut ne pas vous y engager. Mais si vous devez vraiment commencer, alors, allez jusqu'au bout, parce que le travail commencé et interrompu ne cesserait de vous hanter. Comme dit Suziki Roshi dans *Esprit zen, Esprit neuf*[1], le sentier est comparable à un train lancé à vive allure dont on ne peut sortir...

Les écritures mahayana comparent l'engagement du bodhi-sattva dans la voie à la plantation d'un arbre. Aussi l'avancée dans le sentier vous contraint-elle à une croissance continuelle, ce qui peut s'avérer terriblement douloureux puisqu'il vous arrive parfois d'essayer de vous écarter du sentier. Vous ne souhaitez pas réellement y entrer pleinement — il est trop proche du cœur, et vous êtes incapable de vous fier au cœur. Vos expériences deviennent trop pénétrantes, nues, évidentes. Alors vous essayez de vous échapper, mais cette évasion pro-voque une souffrance qui vous incite en retour à continuer sur le sentier. Ainsi vos écarts et vos souffrances font-ils partie du processus créateur à l'œuvre dans le sentier.

La continuité du chemin est exprimée par les notions de

---

1. Dans la même collection (*NdE*).

tantra du sol, du sentier, et du fruit. Le tantra du sol consiste
à reconnaître le potentiel qui existe en vous; vous faites partie de la nature-de-bouddha, sinon vous ne seriez pas capable
d'apprécier les enseignements. Il s'agit de reconnaître votre
point de départ, votre confusion et votre souffrance. Votre
souffrance est la vérité, elle est intelligente. Le tantra du sentier implique que l'on développe une attitude riche et géné-
reuse. La confusion et la douleur sont vues comme des
sources d'inspiration, des ressources riches. En outre, vous
reconnaissez votre intelligence et votre courage, votre capacité
à être fondamentalement seul. Vous êtes disposé à être opéré
sans anesthésie, à vous dévoiler, vous démasquer, vous ouvrir
sans cesse. Vous êtes prêt à être complètement seul, une personne solitaire débarrassée de la compagnie de votre ombre,
de celui qui vous suit et vous observe constamment, le perpé-
tuel commentateur.

Dans la tradition tibétaine, l'observateur est nommé *dzinba*
('dzin pa), ce qui signifie « fixation » ou « tenir ». Si nous abandonnons l'observateur, nous n'avons plus rien en vue de quoi
survivre, rien qui justifie que nous continuions. Nous abandonnons l'espoir de nous tenir à quelque chose. C'est là un
grand pas en direction de la véritable ascèse. Il vous faut
abandonner le questionneur et le répondeur — c'est-à-dire la
conscience discursive, le système de contrôle qui vous dit si
ça va ou non. « Je suis ceci, je suis cela. » « Est-ce que tout
va bien? Est-ce que je médite correctement? Est-ce que je vais
quelque part? » Si nous abandonnons tout cela, comment
savoir si nous avançons dans la pratique spirituelle? Mais
peut-être n'y a-t-il rien qui ressemble à une pratique spirituelle, sinon une sortie de l'autodéception, et une cessation du
combat en vue de nous saisir d'états spirituels. Abandonnez
simplement tout cela. La spiritualité ne se situe pas ailleurs.
C'est une situation très dépouillée — comme la vie au pied
de sommets enneigés, ceinturés de nuages, et vivement éclai-

rés par le soleil et la lune. En contrebas, les grands arbres alpins, agités par des vents orageux, dominent une cascade assourdissante. Le touriste occasionnel ou l'alpiniste appréciera le dépouillement de ce paysage d'altitude, mais personne ne souhaiterait réellement vivre au cœur d'une telle désolation. Ce n'est pas drôle, c'est terrifiant, terrible.

Il est cependant possible d'entrer en amitié avec la désolation et d'apprécier sa beauté. De grands sages comme Milarepa entretiennent une relation amoureuse avec la désolation. Ils l'épousent et avec elle la solitude psychique fondamentale. Ils n'ont pas besoin de divertissement physique ou psychologique. La solitude devient leur compagne, leur partenaire spirituelle, une partie de leur être. Où qu'ils aillent, quoi qu'ils fassent, ils sont seuls. Que des amis les entourent ou non lorsqu'ils pratiquent la méditation et célèbrent les cérémonies, la solitude est toujours là. Cette solitude est liberté, liberté fondamentale. Elle est décrite comme le mariage de shunyata et de la sagesse, dans lequel votre perception de la solitude suggère la futilité de toute occupation dualiste. Elle est également décrite comme le mariage de shunyata et de la compassion, où la solitude inspire des actions compatissantes dans les situations de l'existence. Une telle découverte révèle la possibilité de pourfendre les réactions en chaîne karmiques qui recréent des situations égocentriques; en effet, l'espace désolé et la solitude cessent d'être une nourriture, un divertissement. L'ultime ascèse devient partie intégrante de notre nature fondamentale. Nous découvrons comment les activités samsariques nous alimentent et nous divertissent. Une fois que nous voyons les activités samsariques comme des jeux, cela même en soi réalise l'absence de fixations dualistes, le nirvana. A ce stade, la recherche du nirvana devient une pure redondance.

Ainsi, au début du sentier, acceptons-nous nos qualités fondamentales, ce qui est le tantra du sol, puis nous cheminons sur le sentier, qui peut être chaud ou froid, plaisant ou douloureux. Dans le tantra du fruit, qui est au-delà de ce que nous avons discuté, nous découvrons notre nature fondamentale. Du point de vue bouddhiste, l'ensemble du processus du sentier spirituel est un processus organique de croissance naturelle : on reconnaît successivement le terrain tel qu'il est, puis le chaos du sentier, et enfin l'aspect coloré de la fructification. Ce processus est une odyssée sans fin. Une fois que la réalisation est atteinte, on ne s'arrête pas là, on continue, on exprime infiniment l'activité de bouddha.

Mandala

Nous avons vu que dans la voie du mahayana, ou le sentier du bodhisattva, un certain type d'effort est encore requis — pas nécessairement avec la lourdeur de l'ego, mais on est encore trop conscient de porter son effort dans la pratique. On sait exactement ce qu'il convient de faire, sans hésitation; l'action se produit très naturellement, mais la solidité de l'ego est encore faiblement présente. A ce stade la personne expérimente puissamment la méditation de shunyata, mais elle continue d'éprouver le besoin d'une communication plus directe avec l'univers. Il s'agit alors de sauter plutôt que d'exercer un effort discipliné, de vouloir généreusement vous ouvrir au monde phénoménal plutôt que de travailler une stratégie de la communication. La stratégie est déplacée devant la perception réelle de l'énergie, qui devient plus importante.

Il nous faut transcender les stratégies de l'ego-agression, passion et ignorance — et devenir complètement un avec ces énergies. Il n'est pas question de les déplacer ou de les

détruire, mais de transmuter leur nature fondamentale. Telle
est l'approche du vajrayana, le sentier tantrique ou yogique.
Le mot *yoga* signifie « union », complète identification, pas
seulement avec les techniques de méditation et avec la
communication habile et compatissance, mais également avec
les énergies qui composent l'univers.

Le mot *tantra* signifie « continuité ». La continuité du
développement au long du sentier et celle de l'expérience
vitale deviennent de plus en plus claires. Chaque aperçu
devient une confirmation. Le symbolisme inhérent à ce que
nous percevons devient naturellement adéquat, plutôt que
de se présenter comme un autre motif d'intérêt ou de fascination imposé de l'extérieur, comme si c'était quelque chose de
complètement neuf pour nous. Le symbolisme visuel, sonore
avec le mantra, psychique avec la perception de l'énergie, tout
cela devient approprié. Cette découverte d'une nouvelle façon
d'appréhender l'expérience ne s'acccompagne d'aucune tension, d'aucune surchauffe, c'est un processus naturel. On
réalise une complète union avec l'énergie cosmique, et l'on
perçoit aussi bien l'interdépendance des phénomènes que leur
vivacité telles qu'elles existent dans le principe du *mandala*.

Le mot *mandala* signifie en sanscrit « société », « groupe »,
« association ». Il implique que toute chose est centrée autour
de quelque chose. Dans le cas de la version tantrique du
mandala, tout est centré autour de l'espace dépourvu de
centre dans lequel il n'existe aucun observateur. Dès lors qu'il
n'y a personne pour observer ou percevoir, la périphérie
devient extrêmement vive. Le principe du mandala exprime
l'expérience de la vision de l'interdépendance de tous les
phénomènes, du cycle continuel menant d'une expérience à
la suivante. Les structures des phénomènes deviennent claires
dès lors qu'elles sont observées dans une perspective impar-
tiale. Tous les recoins sont accessibles à la conscience omnipénétrante.

La complète identification avec l'agression, la passion et l'ignorance, suivant le principe du mandala, est réalisée moyennant la pratique du tantra père, du tantra mère et du tantra de l'union. Le tantra père est associé à l'agression, au rejet. La transmutation de l'agression met en jeu une formidable énergie, toute confusion en étant automatiquement exclue. Cette énergie adamantine est nommée « colère du vajra ». Le tantra mère est associé à la séduction, au magnétisme inspirés par la sagesse discriminante. Chaque texture de l'univers, de la vie, est considérée comme porteuse de sa propre beauté. Rien n'est rejeté, rien n'est accepté, mais tout ce qui est perçu possède ses qualités spécifiques. Dès lors qu'il n'y a ni rejet ni acceptation, les qualités individuelles des phénomènes deviennent patentes et la communication avec eux s'en trouve facilitée. Aussi la sagesse discriminante apprécie-t-elle la richesse de tous les aspects de la vie. Elle inspire la danse avec les phénomènes. Cette magnétisation est une version saine de la passion. Dans la passion ordinaire, on tâche de saisir un élément particulièrement remarquable d'une situation, en ignorant le contexte. Cela ressemble à un pêcheur qui voudrait attraper un poisson avec un hameçon en faisant abstraction de l'océan. Dans le cas du tantra mère, la magnétisation consiste à accueillir toutes les situations, mais en usant de la sagesse discriminante. Chaque phénomène est perçu précisément tel qu'il est; aussi n'y a-t-il aucun conflit, aucun risque d'indigestion. Quant au tantra de l'union, il implique la transmutation de l'ignorance en espace omnipénétrant. Dans l'ignorance ordinaire, nous nous efforçons de maintenir notre individualité en ignorant notre environnement. Mais le tantra de l'union n'assure le maintien d'aucune individualité. On perçoit l'ensemble du contexte spatial, qui est l'opposé de l'espace gelé de l'ignorance.

La transmutation de l'agression, de la passion et de l'ignorance suppose la capacité de communiquer directement et complètement avec l'énergie, sans stratégie. Une attitude de complète ouverture à l'égard du cosmos dispense de tout effort de compréhension intellectuelle ou d'intuition, les messages de l'univers s'imposent à l'évidence. Tout ce que l'on perçoit devient signe. Il est souvent dit dans les Écritures que tout ce que l'on voit est le mandala visuel, tout ce que l'on entend, le mandala sonore et tout ce que l'on pense, le *citta* mandala, et que l'essence de la conscience est l'espace. Celui qui perçoit ces mandalas n'assite pas à la ronde des divinités au son d'étranges mantras, il ne voit pas non plus l'espace traversé de toutes sortes d'éclairs psychiques. De telles notions correspondent à une conception puérile du monde céleste. Si nous percevons vraiment couleurs et formes, entendons des mantras retentissant dans l'espace et y portons notre attention, alors nous ne faisons que confirmer notre ego. Il est probable que nous nous en fatiguerons. Tôt ou tard nous souhaiterons y échapper, car leur insistance deviendra pesante. Pour nous évader du ciel, nous rechercherons l'enfer dont la rudesse nous semblera peut-être plus excitante.

Dans le stade ultime de l'expérience du mandala, les couleurs et les formes simples sont des métaphores. Bien sûr, si vous voyez une passion intense, il est possible de la représenter à l'aide de toute sorte de flammes et d'ornements. Il est intéressant de remarquer que les adeptes du tantra en Inde ont créé une structure iconographique comportant des divinités vêtues selon les canons de la mode royale indienne, avec turbans, couronnes, bijoux et vêtements aux couleurs de l'arc-en-ciel. De leur côté, en Chine, les adeptes du tantra ont représenté les divinités vêtues selon la mode impériale, avec de grandes robes de brocart aux longues manches, tenant des sceptres chinois et arborant moustache et barbiche pour ce qui est des dieux. On pourrait se demander quelle représentation est la plus exacte. Les Indiens proclameront l'exactitude de leur propre image, telle qu'ils l'ont perçue et imaginée, et les Chinois de même. Nous pourrions dire que les deux représentations sont à la fois exactes et inexactes.

En fait, pour un véritable adepte du tantra, la compréhension de la vivante énergie du cosmos en termes de structures, formes et couleurs n'est pas une question d'imagination ou d'hallucination. Cela est réel. Cela ressemble à une personne qui écoute une musique tellement bouleversante qu'elle en acquiert presque un caractère plastique. Le son devient presque un objet solide, une couleur ou une forme. Lorsque l'on devient capable de voir les énergies de l'univers telles qu'elles sont, formes couleurs et structures se présentent d'elles-mêmes, et la symbolisation affleure. Tel est le sens du *mahamudra,* qui signifie « grand symbole ». L'univers entier est symbole, non pas dans le sens d'un signe qui représente autre chose que ce qu'il est, mais parce que les qualités des phénomènes tels qu'ils sont s'y manifestent de la façon la plus vive.

Mahamudra upadesa

*Instructions orales sur le Mahamudra transmises
par Sri Tilopa à Naropa sur les rives du Gange* [1].

Hommage à la sagesse co-émergente [2]!

*Le mahamudra ne peut être montré;
mais toi qui es dévoué au gourou,
qui maîtrises les pratiques ascétiques,
et sais endurer la souffrance, intelligent Naropa,
inscris ceci dans ton cœur, fortuné disciple.*

Kye-ho [3]!

*Regarde la nature du monde,
impermanent comme un mirage ou un rêve;
même le mirage ou le rêve n'existent pas.
Aussi, développe la renonciation et abandonne les activités
   mondaines.*

*Renonce aux serviteurs et aux proches, causes de passion et
   d'agression.
Médite seul dans les forêts, les retraites, les lieux solitaires.
Demeure dans l'état de non-méditation.*

1. Traduit du sanscrit en tibétain par *Chökyi-Lodrö (Chos Kyi bLo gros)*
Marpa le Traducteur.
2. Sagesse co-émergente — la sagesse primordiale, née simultanément
avec l'ignorance, de même que nirvana et samsara viennent simultanément
à l'existence.
3. *Kye-ho!* — Attention! Écoute!

Si tu réalises la non-réalisation, alors tu as réalisé le maha-
  mudra.

Le dharma[1] *du samsara est mesquin, il suscite passion et*
  agression.
Les phénomènes que nous avons créés sont insubstantiels;
  recherche donc la substance de l'ultime.
Le dharma de l'esprit ne peut percevoir le sens de la conscience
  transcendante.
Le dharma de l'action ne peut découvrir le sens de la non-
  action.

Si tu désires atteindre la conscience transcendante et la
  non-action,
coupe alors la racine de la conscience et conserve à ton esprit
  sa nudité.
Laisse se décanter les eaux polluées de l'activité mentale.
Ne cherche pas à arrêter les projections, mais laisse-les par-
  venir d'elles-mêmes au repos.
S'il n'y a plus ni rejet ni acceptation, tu es libéré dans le
  mahamudra.

Lorsque les arbres développent feuilles et branches,
il suffit de couper les racines pour abattre l'ensemble.
De même, si tu coupes la racine de l'esprit,
les diverses activités mentales s'évanouiront.

Les ténèbres qui se sont amassées durant des milliers de
  kalpas[2],
une seule torche les dispersera.
De la même façon, une expérience instantanée de la conscience
  lumineuse
dissoudra le voile des impuretés karmiques.

1. *Dharma* — ici, loi, modèle, sentier.
2. *Kalpas* — éons.

*Hommes et femmes de moindre intelligence qui ne pouvez
saisir ceci,
concentrez votre conscience et prêtez attention à la respiration.
Par le moyen de différents regards et de diverses techniques
de concentration,
disciplinez votre esprit jusqu'à ce qu'il se repose naturellement.*

*Si tu perçois l'espace,
les notions figées de centre et de limite disparaissent.
De même, si l'esprit perçoit l'esprit,
toutes activités mentales cessantes, tu demeureras dans un
état de non-pensée,
et tu réaliseras la suprême bodhi-citta[1].*

*Les vapeurs s'élevant de la terre se transforment en nuages
puis elles s'évanouissent dans le ciel;
personne ne sait où vont les nuages une fois dissous.
De la même façon, les vagues de pensées produites par l'esprit
se dissolvent lorsque l'esprit perçoit l'esprit.*

*L'espace est dépourvu de couleur et de forme;
inchangeant, il n'est ni obscur ni clair.
De même, l'esprit lumineux n'a ni couleur ni forme;
il n'est ni obscur ni clair, ni mauvais ni bon.*

*L'essence pure et brillante du soleil
n'est pas affectée par les ténèbres qui règnent durant des
milliers de kalpas.
De la même façon, l'essence lumineuse de l'esprit
n'est pas obscurcie par les longs kalpas du samsara.*

---

1. *Bodhi-citta* — la conscience éveillée.

Bien que l'on puisse le dire vide,
l'espace est indescriptible.
De même, bien qu'on puisse le qualifier de lumineux,
Lui donner un nom ne prouve pas que l'esprit existe.
L'espace n'est pas localisable.
De même, l'esprit du mahamudra est dépourvu de demeure.

Sans changement, repose sans attache dans l'état primordial;
sans doute tes liens vont se dénouer.
L'essence de l'esprit est comme l'espace,
aussi n'y a-t-il rien qu'il n'embrasse.

Laisse les mouvements de ton corps couler authentiquement,
cesse ton bavardage oiseux, que ta parole devienne un écho;
sans esprit, vois le dharma du saut.

Le corps, comme un bambou creux, est dépourvu de sub-
stance.
L'esprit est comme l'essence de l'espace, sans place pour
les pensées.
Repose sans attache dans ton esprit tranquille, sans le brider
ni le laisser vagabonder.
Lorsque l'esprit est sans but, cela est mahamudra.
Un tel accomplissement réalise la suprême illumination.

La nature de l'esprit est lumineuse, sans objet de perception.
Tu découvriras le sentier du Bouddha lorsque la voie de la
méditation n'est plus.
En méditant sur la non-méditation, tu réaliseras la suprême
bodhi[1].

Telle est la suprême vision — elle transcende fixation et sai-
sie[2].

1. *Bodhi* — l'état d'éveil.
2. Fixation et saisie — croyance en l'existence d'un sujet qui projette, et attachement aux projections.

Telle est la suprême méditation — sans vagabondage de l'esprit.
Telle est la suprême action — sans effort.
Lorsqu'il n'y a plus ni espoir ni peur, le but est atteint.

*L'*alaya [1] *non née est dépourvue de vêtements et de voiles.*
Laisse ton esprit reposer dans l'essence non née; ne distingue pas l'après-méditation de la méditation.
Lorsque les projections ont épuisé le dharma de l'esprit,
l'on atteint la suprême vision, libre de toutes limitations.

Profonde et sans limites est la méditation suprême.
Existant d'elle-même, sans effort, est l'action suprême.
Existant de lui-même, sans espoir, est le fruit suprême.

Au commencement l'esprit est semblable à un torrent turbulent.
Au milieu il est semblable au Gange, coulant doucement.
A la fin il est semblable à la confluence de toutes les rivières,
à la rencontre du fils et de la mère.

Les adeptes du tantra, de la prajnaparamita,
du vinaya [2], *des sutras et des autres religions,*
ne verront pas le mahamudra lumineux
au moyen de leurs textes et de leurs dogmes philosophiques.

Sans esprit, sans désir,
existant par soi-même, apaisé de soi-même,
cela est comme une vague.
La luminosité n'est voilée que par le surgissement du désir.

1. *Alaya* non née — l'état primordial au-delà de l'être et du non-être, ou *dharmadatu*.
2. *Vinaya* — les Écritures contenant les règles de la discipline hinayana.

Le véritable vœu de samaya[1] *est rompu lorsqu'on pense en termes de préceptes.*

Si tu ne t'attardes sur l'ultime, si tu ne le perçois ni ne t'en écartes,

ta pratique est sainte, tu es une torche illuminant les ténèbres.

Dépourvu de désirs, ne demeurant pas aux extrêmes,
tu verras les dharmas de tous les enseignements.

Si tu persévères dans une telle attitude, tu te libéreras de la prison samsarique.

Si tu médites de cette façon, tu consumeras le voile des impuretés karmiques.

On te considérera dès lors comme le « Flambeau de la Doctrine ».

Même les ignorants qui ne portent aucune dévotion à cet enseignement

pourront être sauvés par toi de leur incessante noyade dans le fleuve du samsara.

Il est dommage que les êtres endurent de telles souffrances dans les mondes inférieurs.

Celui qui veut se libérer de la souffrance doit trouver un gourou avisé.

*Imprégné par l'*adhisthana[2] *son esprit sera libéré.*

Si tu trouves un karma mudra[3], *alors s'élèvera la sagesse réalisant l'union de la joie et du vide.*

L'union des moyens subtils et de la connaissance suscite des bénédictions.

---

1. *Samaya* — les vœux de la discipline tantrique.
2. *Adhisthana* — bénédiction, l'atmosphère créée par le gourou.
3. *Karma mudra* — partenaire dans la pratique de la troisième initiation ou troisième *abhisheka*.

Réalise cela et donne naissance au mandala.
Répands-le en tous lieux et distribue-le dans tout ton corps.

S'il n'y a pas de désir, viendra l'union de la joie et du vide.
Vis longtemps, sans cheveux blancs, et tu croîtras comme la
    lune.
Deviens radieux, et ta force sera parfaite.
Après avoir rapidement réalisé les siddhis [1] *relatifs,*
il convient de chercher les siddhis absolus.
Que cet enseignement exact du mahamudra demeure dans le
    cœur des êtres fortunés.

1. *Siddhis* — pouvoirs miraculeux.

Ekajati surmontée de Samantabhadra. Ekajati est une protectrice du dharma et un guide pour les maîtres des enseignements tantriques. Elle détruit ceux qui pervertissent la signification véritable du dharma. Samantabhadra est le bouddha primordial qui représente le stade ultime de la condition éveillée.

LES DIX BHUMIS ET LES PARAMITAS CORRESPONDANTES [1]

TIBÉTAIN ORAL	TIBÉTAIN PARLÉ	SANSCRIT	FRANÇAIS
sa	sa	bhumi	étape
pharoltu chinpa	pha rol tu phyin pa	paramita	activité transcendantale

Les dix bhumis

1 *raptu gawa*	rab tu dga'ba	pramudita	très joyeux
2 *trima mepa*	dri ma med pa	vimala	immaculé
3 *ö jepa*	'od byed pa	prabhakari	lumineux
4 *ö trowa*	'od phro ba	arcismati	radieux
5 *shintu jang kawa*	shin tu sbyang dka'-ba	sudurjaya	difficile à conquérir
6 *ngöntu gyurpa*	mngon du gyur pa	abhimukhi	face à face
7 *ringtu songwa*	ring du song ba	durangama	qui va loin
8 *mi yowa*	mi g.yo ba	acala	immuable
9 *legpe lotrö*	legs pa'i blo gros	sadhumati	ayant un bon intellect
10 *chökyi trin*	chos kyi sprin	dharmamegha	nuage du dharma

Les dix paramitas

1 jinpa	shyin pa	dana	générosité
2 tsültim	tshul khrims	sila	discipline
3 söpa	bzod pa	ksanti	patience
4 tsöndrü	brtson 'grus	virya	effort
5 samten	bsam gtan	dhyana	méditation
6 sherab	shes rab	prajna	connaissance
7 thap	thabs	upaya	moyens habiles
8 mönlam	smon lam	pranidhana	vision
9 top	stobs	bala	puissance
10 yeshe	ye shes	jnana	sagesse

1. D'après le *Dasabhumikasutra*.

Index

abandon, 19-20, 125, 137-141; dans le *vajrayana*, 146-147, 150.
Abhimukhi. Voir sixième *bhumi.*
abhisheka, 173 n.
absence d'ego, 26-29, 32-33, 35, 114-115. *Voir aussi* illumination.
absence de passion. *Voir* non-agression.
acala. Voir huitième *bhumi.*
acceptation de soi-même, 18, 56, 101-102, 116-117, 120.
« accumulation de vertu », 121.
actions. *Voir karma yoga; paramitas,* dix.
activité, 46, 95-96. *Voir aussi* activité mentale; travail.
activités mentales, 31; arrêter les —, 85, 168, 169.
adhisthana, 172.
agression, 23, 70, 115, 168; — caractéristiques du monde infernal, 49-51; — comme stratégie de l'ego, 33-34, 162; transmutation de l'—, 90, 164-165.
aider les autres, 100-102, 113.
alaya (non né), 171.
aliénation, 41-42.
ambition, 37, 38-39, 42-43; pourfendre l'—, 20, 31, 56.
âme, 26.
amélioration de soi, 56, 106. *Voir aussi* ambition.

ami spirituel, 137-155, 167, 172, 172 n.
amitié envers soi-même. *Voir* acceptation de soi.
amour, 96-99, 143.
amrita, 30.
arcismati. Voir quatrième *bhumi.*
arhat, mentalité d'—, 116-117.
art. *Voir* iconographie.
ascèse, 160-161, 167.
Asoka, art d'—, 80-81.
« assise », 58, 85, 86, 90, 94-95, 122; santé fondamentale de l'—, 20, 117-118.
asura. Voir dieux jaloux.
atman, 26.
attente. *Voir* opinions préconçues.
attention juste. *Voir* octuple sentier.
auto-absorption, 35-40. *Voir aussi* embarras, gêne.
auto-existence, 79, 171.
auto-illumination, 116.
auto-illusion, 15-19, 45, 85, 160.
« ayant un bon intellect », *bhumi. Voir* neuvième *bhumi.*

Bala. Voir pouvoir.
bavardages subconscients, 23, 35, 43-44, 64.
bhumi, 117, 175.
bhumis, dix —, 117-133, 175.

bhumis.' Premier —, 117-120, 175;
second —, 120-122, 175; troisième —, 122-125, 175; quatrième —, 125-127, 175; cinquième —, 128-129, 175; sixième
—, 129, 175; septième —, 129,
175; huitième, 130-131, 175; neuvième, 131, 175; dixième, 119,
132, 175.
bodhi, 114, 171.
Bodhiçaryavatara, 121.
bodhi-citta, 169.
bodhisattva, sentier du —, 107,
113-132; vœu du —, 113-115,
159. *Voir aussi* voie du *Mahayana.*
bonheur, 26, 57, 58; orientation vers
le —, 38-39, 41-42, 43.
bonheur, joie, 57.
Bouddha, 15, 42, 68-70, 142; — et
sentier octuple, 103, 105, 107,
170; activité de —, 162; prendre
refuge dans le —, 113, 137.
bouddha-dharma, 55, 64, 66-67,
81.
bouddhisme, 15-16. *Voir aussi hinayana; mahayana; tantra;* zen.
brutalité, 84-85, 86-89, 124.
brtson'grus. Voir tsöndrü.
bsam gtan. Voir cinquième *bhumi.*
but, orientation vers, 46; vérité du
—, 70.
bzod pa. Voir söpa.

cacher son ego, 24.
cakra, 68-69.
calme, 58.
cause et effet, doctrine des —, 107.
« ce qui est », 104. *Voir aussi* « être
ce qui est ».
ch'an, 128. *Voir aussi* Zen.
chaos, 78, 115. *Voir aussi* confusion.
Chine, 116, 128, 165-166.
Chökyi Lodrö, 167.

chökyi trin. Voir dixième *bhumi.*
Chos kyi bLo gros, 167.
chos kyi sprin. Voir dixième *bhumi.*
Christ, 42.
ciel, 165. *Voir aussi* monde divin.
citta mandala, 165.
colère, 24, 49-51, 91.
communication, 101, 105, 163,
164-165; — et agression, 50-51;
— et amour, 97-98, 99; avec l'ami
spirituel, 140-141, 142-143, 145-
147, 150.
compassion, 18, 70, 89, 101-102,
146, joie du *bodhisattva* dans la
—, 116, 120-121; énergie de la —,
90-91; épée de la —, 64, 85; — de
l'ami spirituel, 151-152, 153;
union de la — avec *shunyata,* 161.
compétitivité, 40-41, 43.
concentration, 64, 169.
concept, *skandha,* 34, 74-78.
concepts, 28-29, 34, 74-78, 89. *Voir
aussi* conceptualisation.
conceptualisation, origine de la —,
34; transcendance de la — 84, 89;
— de la négativité, 82-84; — et
« vision juste », 103-104. *Voir
aussi* concepts, intellect.
confiance, 99, 131; — et ami spirituel, 139-140, 154.
confusion, 26, 32-33, 36, 40, 49,
78; relation du *bodhisattva* avec
la —, 113-115, 159-160. *Voir
aussi* samsara.
connaissance, *paramita* de la —.
Voir prajna.
connaissance transcendantale. *Voir*
prajna.
conscience, 16, 60-62, 95-96, 128,
151.
conscience panoramique, 18, 81.
conscience, pratique de la —, 59.
conscience, *skandha,* 34-35, 74-78;
comme espace, 164-165. *Voir
aussi* mondes, six.

continuité, 26-27, 29. *Voir aussi* impermanence.

corps, 16, 170; unification du — avec l'esprit, 116, 142. *Voir aussi* respiration.

créativité, 29, 76, 77-78, 93, 109, 150-151.

Dana. Voir générosité.

Dasabhumikasutra, 175.

déception, 19-21, 39-40.

délice. *Voir* joie.

démons, 90-91, 98-99.

désir, 42-43, 46, 48-49, 172; être sans —, 172-173. *Voir aussi* ambition, passion, *samsara.*

« destruction », *karma-yoga,* 85-89, 90.

dévotion, 137-155.

dharma, 70, 89, 120; prendre refuge dans le —, 113, 137; roue du —, 70.
Voir aussi bouddha-dharma.

dharmadhatu, 171.

dharmamegha. Voir dixième *bhumi.*

dhyana. Voir conscience panoramique.

Dieu, union avec —, 38.

dieux jaloux, monde des —, 36, 40, 41, 43, 50.

« difficile à conquérir », *bhumi. Voir* cinquième *bhumi.*

discipline, 16-17, 94, 106-107, 115, 172; *paramita* de la —, 120-121, 175; — et dévotion, 150-154.

discipline juste. *Voir* octuple sentier.

discontinuité. *Voir* impermanence.

divin, monde, 36-40, 43.

divinités, 90, 153-154, 165-166.

douleur, 23-26; — et agression, 49-50; éviter la —, 82-83. *Voir aussi* souffrance.

drang sron. Voir trangsong.

dri ma med pa. Voir second *bhumi.*

dualisme, 31, 63, 73-78. *Voir aussi* non-dualité.

dukha. Voir douleur, souffrance.

durangama. Voir septième *bhumi.*

'dzin pa. Voir dzinba.

dzinba, 160. *Voir aussi* « observateur ».

« écouter les émotions », 78.

effort, *paramita* de l'—, 125-127, 175.

effort juste. *Voir* octuple sentier.

ego, 31-51, 55, 57, 74, 97, 113, 154; mort de l'—, 20, 67-68; développement de l'—, 31-51; non existence de l'—, 26, 27, 31-35; transmutation de l'énergie de l'—, 77-78, 162-163.
Voir aussi soi; « observateur ».

embarras, gêne, 39.

émotions, 18, 34-35, 55, 73-91; — symbolisées en tant que mondes, 36; travaillant avec les —, 73-91.

énergie, 107; — des émotions, 74, 77, 78, 79-80, 96-97; — de la négativité, 83-84, 89; transmutation de l'—, 163-166; — et *mahakala,* 90-91.

engagement, 108, 138-139, 147-149.

engagement, état de total —, 108-109, 128-129. *Voir aussi* engagement.

ennui, 63, 68, 73.

« enrichir », *karma-yoga,* 85-86, 90.

enseignements bouddhistes, 20, 150; engagement dans les —, 147-150; s'identifier avec les —, 131-132, 153, 159, 172; soupçonner les —, 139-140; prendre refuge dans les —, 113.

espace, 31, 32, 95-96, 97, 108-109, 169; — rempli d'agression, 49-50; la découverte par Bouddha de l'—, 69-70; — dépourvu de centre, 154, 163; l'expérience de l'—, 76,

169-170; peur de l'—, 93; ignorance transmutée en —, 164; —
partagé, 118.
espoir. *Voir* ambition.
esprit, 16-17, 36-37, 172; — lumineux, 169, 170-171; — et corps,
116-117, 142. *Voir aussi* conscience; *bhumis,* dix; octuple sentier; mondes, six; *skandhas,* cinq.
Esprit zen, Esprit neuf, 159.
état éveillé, 36, 69, 169 n.; chemin
vers l'—, 103, 114.
état primordial, 31, 170.
être ce qui est, 69, 102, 104, 109.
être là, 16-17, 102, 107, 117.
êtres vivants, partager la confusion
avec les—, 113; travaillant avec
les—, 115, 117, 131.

« Face à face », *bhumi. Voir* sixième
bhumi.
fantasme, 15-19, 20; s'occuper avec
le —, 34-35, 108-109.
fantômes affamés, monde des —, 36,
47-49.
félicité, 15, 16, 29, 37-39.
fixation, 160, 171 n. *Voir aussi*
« observateur ».
« Flambeau de la Doctrine », 172.
folie, 132-133.
forme. *Voir* ignorance/forme, *skandha.*
frivolité, 20, 85-86, 91, 115, 121, 154.
fruit, *tantra* du —, 160, 162.
frustration, 23, 47-49, 115.

générosité, 70, 101, 160, 162-163;
paramita de la —, 118-120, 175.
gourou, 128; universalité du —, 150-
155.
Voir aussi ami spirituel.
guerre, 145-146.
guerrier, le gourou comme —, 144-
147; s'accepter comme un —,
130.

haine, 49-50, 99.
haine de soi-même, 100.
hatha yoga, 70.
héroïsme, comme approche, 42-43,
85; — du sentier du *bodhisattva,*
116-120, 123.
hinayana, sentier, 17-18, 66-67,
113-115, 116, 171 n; attitude de
dévotion du —, 137-138, 141-142,
151, 154.
humain, monde, 36, 41-44.
humour, 44, 46, 57, 98.

iconographie, 45-46, 50, 81-82, 90,
165-166. *Voir aussi* symbolisme.
ignorance, 38, 90, 167 n; — fondamentale, 32, 45-46; transmutation de l'—, 162-163, 164-
165.
ignorance/forme, *skandha,* 32, 35,
45.
illumination, 15, 20, 69, 122-123,
132, 170; — et vœu du *bodhisattva,* 114-115, 116.
« immaculé » *bhumi. Voir* second
bhumi.
« immuable » *bhumi. Voir* huitième
bhumi.
« impeccable » *bhumi. Voir* second
bhumi.
impermanence, 23, 26-29, 167.
impulsion/perception, *skandha.
Voir* perception/impulsion, *skandha.*
impulsions, 90-91; relation du *bodhisattva* avec les —, 121-122,
126-127.
inadéquation. *Voir* pauvreté, attitude mentale.
indien, art —, 81, 165-166.
indifférence, 33-34.
individualité, dépersonnalisante,
138-139, 164-165; types d'—, 36,
44-45.

initiations, 173 n.
insécurité, 23-25, 49-50, 121; — et développement de l'ego, 27-28, 31-39; — et émotions, 74, 80, 99. *Voir aussi* confiance.
inspiration spirituelle, 21, 69, 93, 127, 130-131, 160.
inquiétude, 60-61.
intellect, 34-35, 43; *vajra*, 153-154.
intellect, *skandha*. *Voir* concept, *skandha*.
intellectualisation de la négativité, 82-85. *Voir aussi* conceptualisation.
intelligence fondamentale, 83-85, 114. *Voir aussi* prajna.
intention juste. *Voir* octuple sentier.
intrusion, 100-101.
intuition, 69. *Voir aussi* vipashyana.

Japon, 66-67, 94, 116.
jinpa. *Voir* générosité, *paramita* de la —.
jnana, 119, 132, 175. *Voir aussi* folle sagesse.
joie, 57, 117, 125-127, 172-173. *Voir aussi* premier *bhumi*, joyeux.
jugement sain. *Voir* santé fondamentale.
justesse, 104-105.

kalpas, 168.
kalyanamitra, 142.
karma, 32-33, 107; pourfendre le —, 57, 119-120, 161, 168, 173.
karma mudra, 173.
karma-yogas, quatre, 85-89, 90.
Krishna, 42.
ksanti. *Voir* patience.

lalita, 98.
legpe lotrö. *Voir* neuvième *bhumi*.

legs pa'i blo gros. *Voir* neuvième *bhumi*.
libération. *Voir* illumination, salut.
liberté, 40, 57, 123, 161; mythe de la —, 15-29.
lignée, 113, 150.
lion, rugissement du —, 78-82.
Livre des Morts tibétain, 154.
luminosité, 172. *Voir aussi* « esprit lumineux », *bhumi*. *Voir* troisième *bhumi*.

magie, 146, 153.
« magnétiser », *karma-yoga*, 85-86, 164; — comme passion, 33-34, 42, 43.
mahakalas, 90-91.
mahamudra, 166.
Mahamudra upadesa, 167-173.
mahasukha, 57.
mahayana, sentier du, 18, 113-133; attitude de dévotion, 142-143, 144-145, 151-155. *Voir aussi* bodhisattva, sentier du —.
maître, 150-155. *Voir aussi* ami spirituel.
mandalas, 154, 162-166, 173; — de *citta*, 165; — du *mantra*, 165.
Manjushri, 64, 85.
mantras, 35, 57, 163, 165.
Marpa le Traducteur, 167.
matérialisme, 107, 125-126. *Voir aussi* matérialisme spirituel.
matérialisme spirituel, 19, 36-38, 77-78, 125-126; se libérer du —, 66-67, 126, 129-130, 150.
méditation, 16-18, 55-71, 93-99, 115, 119, 167-173; ennui dans la —, 64-68, 73; concentration dans la —, 65, 169; expérimenter l'objet de la —, 36-37, 57, 109, 163; peur de la —, 36; *paramita* de la —, 125-127, 175, *shamatha*, 17, 66-67, 116-117, 121; *shunyata*, 162; *vipashyana*, 69-71, 117, 119,

121; pratique de la visualisation, 37, 57, 68-69; en action, 17, 93-109, 115; sur l'ego, 38; sur la non-méditation, 119, 170-171; commencer par la pensée et les émotions, 35, 63; et le territoire, 70-71, 123.

mi g. yo ba. Voir huitième *bhumi.*

Milarepa, 161.

mngon du gyur pa. Voir sixième *bhumi.*

Mahommet, 42.

monde animal, 36, 44-47.

monde infernal, 36, 49-51, 165.

Mongolie, 116.

mönlam, 130, 175.

moralité, 125-127. *Voir aussi* octuple sentier, discipline juste.

mort, 22, 23.

moyens d'existence, justes. *Voir* octuple sentier.

moyens habiles, 76, 117, 129-130, 131-132; union avec la connaissance, 173.

naissance, 22-23, 26, 29.

Naropa, 167.

nature de Bouddha, 114, 115, 159.

négativité, 82-91.

névroses, 129-130, 141-143; travailler sur les —, 16-18, 127. *Voir aussi* ego; émotions.

« Ne rien faire », 16.

ngöntu gyuropa. Voir sixième *bhumi.*

nirvana, 78, 161, 167 n. *Voir aussi* illumination.

niveaux spirituels. *Voir bhumis.*

nobles vérités, quatre, 70.

non-action, 168.

non-agression, 70, 78.

non-dualité, 89, 109, 129, 161-162; en devenant un avec les phénomènes, 36-37, 57, 95-96, 109, 163.

non-effort, 108.

non-méditation, 119, 168, 171.

non-pensée, 169.

non-réalisation, 168.

nuage du *dharma, bhumi. Voir* dixième *bhumi.*

« observateur », 27, 83, 160; pourfendre l' —, 20, 60, 119-120, 128, 160, 163. *Voir aussi* ego.

obstination, 46.

octuple sentier. *Voir* sentier octuple.

'od byed pa. Voir troisième *bhumi.*

'od 'phro ba. Voir quatrième *bhumi.*

ö jepa. Voir troisième *bhumi.*

opinions préconçues, 19-20, 27, 140. *Voir aussi* concepts.

orgueil, 36, 40, 43-44.

ö trowa. Voir quatrième *bhumi.*

ouverture, provenant de l'absence d'ambition, 20-21; — éliminée par l'agression, 49-51; — dans les relations humaines, 99; — de la conscience panoramique, 128-129; — au monde phénoménal, 162; — et pratiques, 59, 69-71, 95; — comme effort juste, 108-109; — comme vision juste, 104; — à l'ami spirituel, 154. *Voir aussi* sentier du *mahayana;* espace.

« Pacifier », *karma-yoga,* 85-86.

paramita, 119, 129, 175.

paramitas, dix, 117n, 118-132, 175.

paranoïa, 32, 36, 40-41, 60, 99. *Voir aussi* insécurité.

parole juste. *Voir* octuple sentier.

passion, 96-99, 115, 164, 168; transcender la —, 90, 164-165; comme stratégie de l'ego, 33-34, 41, 162-163; comme préoccupation, 41-44.

patience, *paramita* de la —, 123-125, 175; — de l'ami spirituel, 151-152.

pauvreté, mentalité de la —, 34, 47-49, 60, 137-138.

pensées, 35, 58, 77-78, 169; qualité transparente des —, 59, 75-76; — comme *citta mandala,* 165; — comme point de départ de la méditation, 35, 63. *Voir aussi,* concepts; activité mentale.

perception, 16, 75-76, 170. *Voir aussi* perception/impulsion, *skandha.*

perception/impulsion, *skandha,* 33-34, 35.

peur. *Voir* insécurité; paranoïa.

pharöltu chinpa. Voir paramita.

pha rol tu phyin pa. Voir paramita.

phénomènes : danse sans centre des —, 96-99, 109, 164; — expérimentés directement, 28-29; — comme expressions du gourou, 153-154. *Voir aussi* non-dualité.

phénomènes psychiques, 122.

plaisir, 38-39. *Voir aussi* félicité; bonheur.

points de repère. *Voir* relations.

pouvoir, 146-147, 148; *paranita* du—, 131-132, 175.

prabhakari. Voir troisième *bhumi.*

prajna, paramita, 84, 119-120, 129, 175; union avec *shunyata,* 154, 161; union avec les moyens habiles, 173.

Prajnaparamita, 171.

pramudita. Voir premier *bhumi.*

pranayama, 70.

pranidhana. Voir vision, *paramita* de la —.

pratique de l'attention, 60-62, 64.

préceptes, 172. *Voir aussi* concepts; moralité; tradition.

preta. Voir fantômes affamés, monde des —.

prière, 57.

projections, 75-76, 106, 168, 171; confirmer l'ego à l'aide des—, 31-35, 75, 84-85.

prosélytisme, 120-122.

pureté. *Voir* second *bhumi.*

questionnement, processus de —, 21-22.

« qui va loin », *bhumi. Voir* septième *bhumi.*

rab tu dga' ba. Voir premier *bhumi.*

« radieux », *bhumi. Voir* quatrième *bhumi.*

raptu gawa. Voir premier *bhumi.*

ravissement. *Voir* joie.

réalisation, 162. *Voir aussi* ambition.

réalisations. *Voir aussi* illumination.

réalité, 15-16, 18-19, 84-85, 105, 162, 167; danse avec la —, 98-99, 109, 164; — de notre situation existentielle, 15, 84-86; — comme expression du gourou, 153-154. *Voir aussi* fantasme; non-dualité.

reconnaissance de soi, 17.

références, 31, 55, 63-65, 73-74, 79; supprimer celles de l'ego, 63-64, 66-67, 81-82, 138-139; — de Bouddha, 68-70.

refuge, prendre, 113.

« regarder », 75.

relation, 41, 43, 50-51; transcender les points de repère de la —, 76, 129-130, 132-133; — créant le sentiment d'un soi solide, 27, 31; — du principe du *mandala,* 163-164.

renonciation, 167. *Voir aussi* ascèse.

respiration, 16-17, 55-56, techniques de —, 57, 64-65, 68-69, 169.

rêve. *Voir* fantasme.

richesse inhérente, 60-61, 90, 118, 131, 142, 160.

ring du song ba. Voir septième *bhumi.*

ringtu songwa. Voir septième *bhumi.*

rishi, 106.
rituels, 57.

sa, 117, 175.
sadhumati. Voir neuvième *bhumi.*
sagesse co-émergente, 167. *Voir aussi* sagesse.
sagesse, folle, 89-90, 132-133, 147-148; — discrimante, 164; *paramita* de la —, 119, 132, 175; — primordiale, 167 n; épée de la —, 64, 85.
salut, 15, 19, 102-103.
samadhi, juste. *Voir* octuple sentier.
samadhi, 69. *Voir aussi* méditation.
samaya, 172.
samouraï, tradition, 116.
samsara, 32, 35, 40, 119, 161, 168, 170; se libérer du— 120, 172; travail sur le —, 78-82; — dépendant du *nirvana,* 78, 167 n. *Voir aussi* dualité; vie; réalité; phénomènes.
samten, 128, 175.
samyagvyayama, 107-108.
samyak, 104.
samyaksambuddha, 69.
sangha, 113, 137.
santé, 20, 70, 117, 126-127, 150.
satya, 105.
sbyin pa. Voir jinpa.
sécurité transcendantale, 117-118.
sensation, *Skandha* de la —, 33, 35.
sens commun transcendantal, 19.
sentier octuple, 102-109.
sentier spirituel, 77-78, 88-89, 113, 160, 170; continuité du —, 159-166; identification avec le —, 131-132, 153; souffrance du —, 20, 159-162; vérité du —, 69-70; — et *samsara,* 80, 115; — dépourvu d'ambition, 56-57. *Voir aussi bodhisattva,* sentier du —; méditation.
sentier, vérité du —, 159, 160, 162.
« sentir » les émotions, 79.

sérieux, 44-45.
shamatha, pratique, 16-17, 66-67, 116, 121.
sherab, 165.
shes rab, voir sherab.
shin tu sbyang dka' ba. Voir cinquième *bhumi.*
shunyata, 28, 75, 76, 77; méditation, 162; union avec la compassion, 161; union avec la joie, 173. union avec *prajna,* 154, 161.
siddhis, 173, 173 n.
sila. Voir discipline; *paramita* de la simplicité, 16-18, 57-60, 106-107.
situations se maintenant d'elles-mêmes, 82.
six mondes, 34, 35-51.
skandhas, cinq, 32-35, 115.
smon lam. Voir mönlam.
société, travail avec la —, 125-126.
soi. *Voir* ego.
sol, *tantra* du, 160-161.
solitude, 23, 33, 51, 113-114, 116, 159-162.
söpa, 175.
souffrance, 21-26, 36, 43-44, 123-124, 172; catégories de la —, 23-26; conceptualisation de la —, 28; contenant de la félicité, 29; origine de la —, 70; vérité de la —, 15, 69-70; travailler avec la —, 15, 57, 160. *Voir aussi* douleur.
spontanéité, 40, 85, 90-91.
stobs. Voir top.
stupidité, 44-47. *Voir aussi* ignorance.
style personnel, 36, 44-45.
subtilité, pourfendre la —, 129-130.
sudurjaya. Voir cinquième *bhumi.*
sutras, 171. *Voir aussi* enseignements.
Suzuki-roshi, Shunryu, 159.
symbolisme, du monde animal, 45-47; — du vœu du *bodhisattva,* 113-114; — des divinités, 90-91, 153-

154, 165-166; — de la perception, 162-166.

tantra, 18, 69, 159-173; approches du —, 144-147, 150-151, 153-154; père, 160; — du fruit, 159, 162; *karma-yogas* du —, 85-89; mère, 164; — du sentier, 159, 160, 162; — de l'union, 164-165.
tantra du sentier, 159, 160, 162.
terre. *Voir* sol.
territoire, sens du —, 70-71, 100-101, 123-124.
thabs. Voir thap.
thangka, 90.
thap, 175.
thé, cérémonie japonaise du —, 94.
Tibet, 116.
Tilopa, 167.
top, 131, 175.
« toucher » les émotions, 78-79.
tradition, attitude envers la —, 125-127.
trangsong, 106-107.
transformation, pouvoir du gourou, 147-148.
transmutation, des émotions, 78-80, 90; — des énergies, 163-166.

travail, comme pratique spirituelle, 93-96, 107.
trimamepa. Voir second *bhumi.*
tshul khrims. Voir tsültim.
tsöndru, 175.
tsültim, 175.

upaya. *Voir* moyens habiles.

vac, 105.
vajra, colère du —, 164.
vajrayana. Voir tantra.
vide. *Voir shunyata.*
vimala. Voir second *bhumi.*
Vinaya, 171.
vipashyana, pratique de la —, 69-71, 117, 119, 121-122.
virya, 125-127, 175.
vision juste. *Voir* octuple sentier.
vision, *paramita* de la —, 130, 175.
visualisation, pratique de la —, 37, 57, 69.
« voir » les émotions, 75, 79.

yeshe, 132, 175.
ye shes. Voir yeshe.
yoga, 19, 163.

zazen, 67-68.
zen, 67-68, 128-129.

Table

Préface.   7

Couronnement.   11

  I LE MYTHE DE LA LIBERTÉ   15
     Fantasme et réalité.   15
     Déception.   19
     Souffrance.   21
     Absence d'ego.   26

 II STYLES D'EMPRISONNEMENT   31
     Plaisanterie cosmique.   31
     Auto-absorption.   35
     Paranoïa.   40
     Passion.   41
     Stupidité.   44
     Pauvreté.   47
     Colère.   49

III S'ASSEOIR POUR MÉDITER   55
     Le fou.   55
     Simplicité.   57
     Attention et conscience.   60
     Ennui.   63
     La voie du Bouddha.   68

IV TRAVAILLER AVEC LES ÉMOTIONS   73

    La barrière dualiste.   73
    Le rugissement du lion.   78
    Travailler avec la négativité.   82

V   LA MÉDITATION EN ACTION   93

    Travailler.   93
    Aimer.   96
    Travailler avec les autres.   100
    L'octuple sentier.   102

VI LA VOIE OUVERTE   113

    Le vœu du bodhisattva.   113
    Héroïsme.   116
    La santé de la terre.   120
    Patience.   122
    Tradition.   125
    Zen et prajna.   128
    L'approche de l'illumination.   130

VII DÉVOTION   137

    Abandon.   137
    L'ami spirituel.   141
    Le grand guerrier.   144
    Engagement.   147
    L'universalité du gourou.   150

VIII TANTRA   159

    Solitude.   159
    Mandala.   162
    Mahamudra upadesa.   167

    Appendice.   177
    Index.   179

CET OUVRAGE A ÉTÉ COMPOSÉ ET ACHEVÉ D'IMPRIMER
PAR L'IMPRIMERIE FLOCH À MAYENNE (2-86)
D.L. 1er TRIMESTRE 1979. No 5146-3 (23963)

Collection Points

SÉRIE SAGESSES

dirigée par Jean-Pie Lapierre

DERNIERS TITRES PARUS

Sa11. La Philosophie éternelle, *par Aldous Huxley*
Sa12. Le Nuage d'inconnaissance
       traduit de l'anglais par Armel Guerne
Sa13. L'Enseignement du Bouddha, *par Walpola Rahula*
Sa14. Récits d'un pèlerin russe, *traduit par Jean Laloy*
Sa15. Le Nouveau Testament
       traduit par Émile Osty et Joseph Trinquet
Sa16. La Voie et sa vertu, *par Lao-tzeu*
Sa17. L'Imitation de Jésus-Christ, *traduit par Lamennais*
Sa18. Le Mythe de la liberté, *par Chögyam Trungpa*
Sa19. Le Pèlerin russe, trois récits inédits
Sa20. Petite Philocalie de la prière du cœur
       traduit et présenté par Jean Gouillard
Sa21. Le Zohar, *extraits choisis et présentés
       par Gershom G. Scholem*
Sa22. Les Pères apostoliques
       traduction et introduction par France Quéré
Sa23. Vie et Enseignement de Tierno Bokar
       par Amadou Hampaté Bâ
Sa24. Entretiens de Confucius
Sa25. Sept Upanishads, *par Jean Varenne*
Sa26. Méditation et Action, *par Chögyam Trungpa*
Sa27. Œuvres de saint François d'Assise
Sa28. Règles des moines
       introduction et présentation par Jean-Pie Lapierre
Sa29. Exercices spirituels, *par saint Ignace de Loyola*
       traduction et commentaires par Jean-Claude Guy
Sa30. La Quête du Graal
       présenté et établi par Albert Béguin et Yves Bonnefoy
Sa31. Confessions, *de saint Augustin*
       traduction par Louis de Mondadon
Sa32. Les Prédestinés, *par Georges Bernanos*
Sa33. Les Hommes ivres de Dieu, *par Jacques Lacarrière*
Sa34. Évangiles apocryphes, *par France Quéré*
Sa35. La Nuit obscure, *par saint Jean de la Croix*
       traduction du P. Grégoire de Saint Joseph
Sa36. Découverte de l'Islam, *par Roger du Pasquier*